Gestão da qualidade

Central de Qualidade — FGV Management
ouvidoria@fgv.br

PUBLICAÇÕES
FGV Management

SÉRIE GESTÃO EMPRESARIAL

Gestão da qualidade

10ª edição

Isnard Marshall Junior

Agliberto Alves Cierco

Alexandre Varanda Rocha

Edmarson Bacelar Mota

Sérgio Leusin

FGV management

FGV EDITORA

Direitos desta edição reservados à
EDITORA FGV
Rua Jornalista Orlando Dantas, 37
22231-010 – Rio de Janeiro, RJ – Brasil
Tels.: 0800-021-7777 – 21-3799-4427
Fax: 21-3799-4430
e-mail: editora@fgv.br – pedidoseditora@fgv.br
web site: www.fgv.br/editora

Impresso no Brasil / Printed in Brasil

1ª edição, 2003. 2ª edição revista e atualizada, 2003. 3ª edição revista e atualizada, 2004. 4ª edição revista e atualizada, 2005. 5ª e 6ª edições, 2005. 7ª edição revista e ampliada, 2006. 8ª edição, 2006. 1ª, 2ª e 3ª reimpressões, 2007. 4ª e 5ª reimpressões, 2008. 9ª edição, 2008. 1ª, 2ª, 3ª e 4ª reimpressões, 2009. 5ª e 6ª reimpressões, 2010. 10ª edição, 2010. 1ª e 2ª reimpressões, 2011.

Revisão dos originais: Maria Lucia Leão Velloso de Magalhães, Izabel Buarque e Sandra Frank

Editoração eletrônica: FA Editoração Eletrônica

Revisão: Fatima Caroni e Marco Antonio Correa

Capa: aspecto:design

Ilustração de capa: Mario Guilherme V. Leite

Marshall Junior, Isnard
Gestão da qualidade / Isnard Marshall Junior... [et al.] – 10. ed. – Rio de Janeiro: Editora FGV, 2010.
204 p. (Gestão empresarial (FGV Management))

Em colaboração com Agliberto Alves Cierco, Alexandre Varanda Rocha, Edmarson Bacelar Mota, Sérgio Leusin.
Publicações FGV Management.
Inclui bibliografia
ISBN: 978-85-225-0851-8

1. Gestão da qualidade total. 2. Controle de qualidade. I. Cierco, Agliberto Alves. II. Rocha, Alexandre Varanda. III. Mota, Edmarson Bacelar. IV. Leusin, Sérgio. V. Fundação Getulio Vargas. VI. FGV Management. VII. Título. VIII. Série.

CDD-658.562

Aos nossos alunos e aos nossos colegas docentes,
que nos levam a pensar e a repensar nossas práticas.

Nossos agradecimentos ao professor Carlos José Corrêa por sua colaboração na revisão do conteúdo desta obra.

Sumário

Apresentação

Este livro compõe as Publicações FGV Management, programa de educação continuada da Fundação Getulio Vargas (FGV).

Instituição de direito privado com mais de meio século de existência, a FGV vem gerando conhecimento por meio da pesquisa, transmitindo informações e formando habilidades por meio da educação, prestando assistência técnica às organizações e contribuindo para um Brasil sustentável e competitivo no cenário internacional.

A estrutura acadêmica da FGV é composta por oito escolas e institutos: a Escola Brasileira de Administração Pública e de Empresas (Ebape), dirigida pelo professor Flavio Carvalho de Vasconcelos; a Escola de Administração de Empresas de São Paulo (Eaesp), dirigida pela professora Maria Tereza Leme Fleury; a Escola de Pós-Graduação em Economia (EPGE), dirigida pelo professor Rubens Penha Cysne; o Centro de Pesquisa e Documentação de História Contemporânea do Brasil (Cpdoc), dirigido pelo professor Celso Castro; a Escola de Direito de São Paulo (Direito GV), dirigida pelo professor Ary Oswaldo Mattos Filho; a Escola de Direito do Rio de Janeiro (Direito Rio), dirigida pelo professor Joaquim Falcão; a Escola de Economia de São Paulo (Eesp), dirigida pelo professor Yoshiaki Nakano; o Instituto Brasileiro de Economia (Ibre), dirigido pelo professor Luiz Guilherme Schymura de Oliveira. São diversas unidades com a marca FGV, trabalhando com a mesma filosofia: gerar e disseminar o conhecimento pelo país.

Dentro de suas áreas específicas de conhecimento, cada escola é responsável pela criação e elaboração dos cursos oferecidos pelo Instituto de Desenvolvimento Educacional (IDE), criado em 2003 com o objetivo de coordenar e gerenciar uma rede de distribuição única para os produtos e serviços educacionais da FGV, por meio de suas escolas. Dirigido pelo professor Clovis de Faro e contando com a direção acadêmica do professor Carlos Osmar Bertero, o IDE engloba o programa FGV Management e sua rede conveniada, distribuída em todo o país (ver www.fgv.br/fgvmanagement), o programa de ensino a distância FGV Online (ver www.fgv.br/fgvonline), a Central de Qualidade e Inteligência de Negócios e o Programa de Cursos Corporativos In Company. Por meio de seus programas, o IDE desenvolve soluções em educação presencial e a distância e em treinamento corporativo customizado, prestando apoio efetivo à rede FGV, de acordo com os padrões de excelência da instituição.

Este livro representa mais um esforço da FGV em socializar seu aprendizado e suas conquistas. Ele é escrito por professores do FGV Management, profissionais de reconhecida competência acadêmica e prática, o que torna possível atender às demandas do mercado, tendo como suporte sólida fundamentação teórica.

A FGV espera, com mais essa iniciativa, oferecer a estudantes, gestores, técnicos — a todos, enfim, que têm internalizado o conceito de educação continuada, tão relevante nesta era do conhecimento — insumos que, agregados às suas práticas, possam contribuir para sua especialização, atualização e aperfeiçoamento.

Clovis de Faro
Diretor do Instituto de Desenvolvimento Educacional

Ricardo Spinelli de Carvalho
Diretor Executivo do FGV Management

Sylvia Constant Vergara
Coordenadora das Publicações FGV Management

Introdução

Contemporaneamente, cabe destacar a importância da disciplina gestão da qualidade, tendo em vista o papel decisivo por ela assumido em face do processo de globalização, da abertura dos mercados e da consequente competição entre organizações, na busca de competitividade.

Os processos e modelos que fazem parte do universo da gestão da qualidade possibilitam o incessante aprimoramento das empresas, que a todo instante são impelidas a alterar suas sistemáticas e procedimentos na tentativa de obter maiores níveis de competitividade.

Atualmente, a gestão da qualidade abrange uma visão macro da existência humana, influenciando modos de pensar e de agir. Qualidade não significa apenas o controle da produção, a qualidade intrínseca de bens e serviços, o uso de ferramentas e métodos de gestão, ou a assistência técnica adequada. Num sentido mais amplo, o conceito de qualidade total ou de gestão da qualidade passou a significar modelo de gerenciamento que busca a eficiência e a eficácia organizacionais.

Este livro visa permitir a você ter uma boa noção da amplitude e da importância do conceito de qualidade total ou de gestão da qualidade como modelo de excelência para melhor gerir as organizações. Da bibliografia, porém, constam livros que poderão contribuir para um maior aprofundamento de assuntos específicos ligados à temática.

O livro está estruturado em oito capítulos. O primeiro trata da evolução histórica do pensamento e do processo da qualidade.

O segundo capítulo aborda os conceitos fundamentais do modelo de gestão pela qualidade e as contribuições de diversos estudiosos.

O terceiro capítulo apresenta o modelo mais abrangente e atual de gestão da qualidade — o proposto pela Fundação Nacional da Qualidade (FNQ).

O quarto capítulo contempla o modelo de gestão da qualidade proposto pela International Organization for Standardization (ISO), através das normas da série 9000. Esse modelo, apesar de não possuir o mesmo grau de abrangência do modelo da FNQ, é importante por ser adotado internacionalmente.

O quinto capítulo trata dos conceitos de padronização e melhoria, que envolvem as temáticas de ciclo PDCA e a trilogia Juran, fundamentais para o atendimento dos modelos de gestão baseados na ISO ou na FNQ.

O sexto capítulo apresenta uma série de ferramentas para o gerenciamento e a melhoria de processos organizacionais que são utilizadas nos processos de padronização e melhoria discutidos no capítulo 5.

O sétimo capítulo examina e discute diversos métodos de gestão que merecem destaque por sua importância, atualidade e grande utilidade no que diz respeito a necessidades específicas das organizações.

O oitavo capítulo focaliza o gerenciamento de projetos e como a gestão da qualidade nele deve ser feita.

Finalmente, na conclusão, é apresentada uma sugestão de metodologia para implantação da gestão da qualidade e são tecidas algumas considerações sobre a temática, com o objetivo de ajudar você a refletir sobre a importância da gestão da qualidade no desenvolvimento e aprimoramento das organizações.

Que este livro lhe seja útil na construção de uma trajetória de sucesso pessoal e profissional.

1 Evolução do processo da qualidade

O tema gestão da qualidade é dinâmico, sendo sua evolução fruto da interação dos diversos fatores que compõem a estrutura organizacional e sua administração.

Alguns fatores estruturais e tendências apontam para ciclos de vida e perfis quantitativos com influência decisiva nos paradigmas vigentes, pois criam desafios e transformações multidisciplinares na gestão organizacional, causando impactos surpreendentes na gestão da qualidade; afetam a estruturação, a abrangência, os conceitos e o portfólio de competências, conhecimentos, habilidades, ferramentas, técnicas e metodologias; expandem as fronteiras atuais e interligam áreas do saber e de especialização em um novo conceito da qualidade, diversificado e holístico.

Qualidade é um conceito espontâneo e intrínseco a qualquer situação de uso de algo tangível, a relacionamentos envolvidos na prestação de um serviço ou a percepções associadas a produtos de natureza intelectual, artística, emocional e vivencial. Estamos frequentemente avaliando e sendo avaliados no ato de gerarmos ou recebermos os elementos que compõem a interação e os atos de consumo presentes em nossa vida.

Como conceito, conhece-se a qualidade há milênios. No entanto, só recentemente ela surgiu como função da gerência. Originalmente, tal função era relativa e voltada para a inspeção; hoje, as atividades relacionadas com a qualidade se ampliaram e são consideradas essenciais para o sucesso estratégico (Garvin, 2002). Isso leva a uma percepção dinâmica e ampliada da qualidade, sinalizando a integração com diversas outras áreas do conhecimento humano, em função do tipo de produto gerado e das expectativas, exigências e maturidade dos clientes e consumidores, em sintonia com os interesses mercadológicos estabelecidos.

A ampliação da abrangência da qualidade nas atividades organizacionais pode também ser percebida em responsabilidades que se agregaram à área, como qualidade ambiental e qualidade de vida, ética e valores — hoje imprescindíveis e objeto de regulamentações nacionais e internacionais e de normas diversas, mostrando a crescente conscientização da sociedade, que impõe demandas e exerce pressões complementares.

Há várias classificações para os diversos períodos ou eras da qualidade. Garvin (2002) estruturou-as em um formato bem-aceito pelos especialistas da área. Cada uma das classificações tem suas peculiaridades e aqui serão adotadas como referencial para descrição da história e evolução do pensamento da qualidade. São elas:

- inspeção;
- controle estatístico da qualidade;
- garantia da qualidade;
- gestão estratégica da qualidade.

Inspeção

Nos primórdios da era industrial e até meados do século XIX, quase tudo era fabricado por artesãos, que ainda praticavam os procedimentos tradicionais e históricos. As quantidades produzidas eram pequenas e havia participação do trabalhador em praticamente todas as fases do processo. A inspeção era implementada segundo critérios especificados pelo próprio artesão e sua pequena equipe de colaboradores. Era um procedimento natural e corriqueiro.

A inspeção formal só passou a ser necessária com o surgimento da produção em massa e a necessidade de peças intercambiáveis (Garvin, 2002).

No início do século XX, Frederick W. Taylor, conhecido como o criador da "administração científica", atribuiu maior legitimidade à atividade de inspeção, separando-a do processo de fabricação e atribuindo-a a profissionais especializados (Taylor, 1919).

As atividades de inspeção se transformaram rapidamente em um processo independente e associado ao controle da qualidade. Em 1922, com a publicação da obra *The control of quality in manufacturing* (Radford, 1922), pela primeira vez a qualidade foi vista como responsabilidade gerencial distinta e como função independente. O livro chegou até a tratar de muitos princípios considerados centrais no moderno controle da qualidade: a necessidade de conseguir a participação dos projetistas logo no início das atividades associadas à qualidade e a associação da melhoria da qualidade com a maior produção e custos mais baixos. Seu enfoque principal era, entretanto, a inspeção.

A inspeção 100%, ou seja, a inspeção em todo o lote de produção, se manteve inalterada durante muitos anos, apesar da necessidade e aplicação, em diversos momentos, de inspeções parciais ou por amostragem, mas sem metodologia estruturada nem procedimentos confiáveis.

O controle da qualidade limitava-se à inspeção e às atividades restritas, como a contagem, a classificação pela qualidade e os reparos. A solução de problemas era vista como fora das responsabilidades do departamento de inspeção. A mudança nesse enfoque e um novo paradigma surgiram com as pesquisas realizadas nos Laboratórios Bell Telephone. O resultado foi o que hoje é denominado controle estatístico de processo para a melhoria da qualidade. Desse grupo fizeram parte grandes nomes da qualidade, que criaram a disciplina conhecida como controle estatístico da qualidade: Walter Shewhart, Harold Dodge, Harry Romig, W. Edwards Deming e Joseph M. Juran (Garvin, 2002).

Controle estatístico da qualidade

Um marco dessa nova era foi a publicação, em 1931, da obra *Economic control of quality of manufactured product* (Shewhart, 1931), que conferiu um caráter científico à prática da busca da qualidade. Nessa obra encontram-se os fundamentos, os procedimentos e as técnicas para tornar a qualidade mais efetiva na produção, em todos os seus estágios. É nesse contexto que se verifica o controle da qualidade no processo produtivo, via procedimentos estatísticos.

Controle de processo

O controle de processo foi o fundamento para o desenvolvimento das técnicas para controle estatístico da qualidade. Ao estruturar organizadamente as etapas que compõem a realização de um trabalho ou tarefa, incluindo o seu fluxo, insumos, atividades realizadas e produtos gerados, é possível obter muitas informações sistematizadas e perceber pontos críticos, oportunidades de melhoria e, principalmente, as variações ou flutuações devidas a causas normais (intrínsecas à natureza do processo) e as devidas a causas anormais ou específicas. O gráfico de controle do processo (ou carta de controle), que será apresentado no capítulo 6 (figura 6), é o instrumento mais simples para documentar e analisar a ocorrência desses eventos e, a partir daí, implementar mudanças e assegurar os padrões de qualidade desejados, monitorando os resultados e a estabilidade do processo.

Amostragem

Por motivos técnicos, econômicos, de prazo ou até quantitativos, realizar inspeções completas em todos os produtos fabricados é impraticável. Assim, a amostragem é utilizada. No entanto, seu uso sistemático somente começou a apresentar resultados mais confiáveis quando os métodos estatísticos e os procedimentos associados amadureceram suficientemente.

A inclusão das técnicas de amostragem propiciou um grande avanço nos processos da qualidade, promovendo a rápida disseminação de cursos e a evolução dos procedimentos, visando aplicações cada vez mais confiáveis.

A quantidade de profissionais da qualidade treinados nessas técnicas estimulou a formação de sociedades de engenheiros da qualidade. Em 1946, foi fundada, nos EUA, a American Society for Quality Control (ASQC, hoje chamada ASQ) e, no Japão, a Japanese Union of Scientists and Engineers (Juse), com o objetivo de desenvolver e disseminar práticas e métodos na área da qualidade. Uma das primeiras iniciativas da Juse foi formar o Grupo de Pesquisa de Controle da Qualidade, cujos principais membros foram Shigeru Mizuno,

Kaoru Ishikawa e Tetsuichi Asaka, que lideraram o controle da qualidade japonês, organizando os primeiros *círculos de controle da qualidade* (CCQ).

Garantia da qualidade

Por volta do final da II Guerra Mundial, a qualidade já conquistara seu lugar e passou a ser uma disciplina bem-aceita no ambiente organizacional, com técnicas específicas e resultados efetivos, com profissionais especializados e bem-caracterizados na especialidade.

Em 1950, W. Edwards Deming, estatístico especialista em qualidade, foi ao Japão, a convite da Juse, proferir palestras para líderes industriais, tendo em vista a preocupação em reconstruir aquele país, conquistar novos mercados e melhorar a reputação dos produtos japoneses. A contribuição de Deming foi tão expressiva para o processo da qualidade japonês que em 1951 foi criado o Prêmio Deming, em sua homenagem.

Em 1954, Joseph M. Juran visitou o Japão, introduzindo uma nova era no controle da qualidade. Ele liderou a passagem de uma fase, na qual as atividades relativas à qualidade baseavam-se nos aspectos tecnológicos das fábricas, para uma nova, em que a preocupação com a qualidade passou a ser global e holística, abarcando todos os aspectos do gerenciamento e toda a organização.

Na segunda metade da década de 1950, o *total quality control* (TQC) ganhou fama, tornando mais amplo o conceito da qualidade. Basicamente, o TQC consiste em (Shiba, Graham e Walden, 1997):

- abordar a qualidade desde a fase do projeto de desenvolvimento do produto, incluindo os aspectos funcionais e atributos de desempenho;

- envolver todos os funcionários, de todos os níveis hierárquicos, assim como fornecedores e clientes, nos processos de melhoria da qualidade, objetivando o comprometimento e a confiança recíproca;
- manter e aperfeiçoar as técnicas clássicas da qualidade existentes.

O TQC requer que todos os colaboradores — do presidente aos operários horistas, dos fornecedores aos clientes, e também a comunidade — participem das atividades de melhoria da qualidade.

Para os japoneses há também o *total quality management* (TQM), uma abordagem gerencial baseada na participação de todos, dirigida para a satisfação do consumidor e dos membros da organização e da sociedade.

A partir dos anos 1970, a qualidade dos produtos japoneses, principalmente a dos automóveis e a dos televisores, começou a superar a dos produtos norte-americanos (Gitlow, 1993). Os consumidores tornaram-se mais exigentes na hora da compra e mais preocupados com o preço e a qualidade.

Os instrumentos na profissão se expandiram para muito além da estatística. Quatro elementos distintos passaram a fazer parte desta nova era: quantificação dos custos da qualidade, controle total da qualidade, engenharia da confiabilidade e zero defeito (Garvin, 2002). Cada um desses elementos será discriminado a seguir.

Custos da qualidade

Por volta do início da década de 1950 houve muito debate sobre o real significado da qualidade e qual era o seu nível suficiente. O que tornava este debate ainda mais impreciso era o fato de não haver quantificações estruturadas, ou até mesmo estimativas, em muitos casos, dos custos reais envolvidos nos processos que constituíam a qualidade.

Em 1951, Joseph Juran abordou esse tema no livro que se tornou um dos grandes referenciais da qualidade: *Quality control handbook*.

Os elementos que compunham os investimentos necessários para se ter qualidade, classificados por categorias e processos envolvidos, desde o projeto até as fases finais do ciclo de vida de um produto, incluindo assistência técnica e descarte, evoluíram em diversas abordagens. De modo semelhante, tornou-se prática usual analisar os elementos que participam dos custos da não qualidade, ou seja, as consequências em perdas quantificadas, como retrabalho, refugo, devoluções, manutenção, vendas, imagem etc., que podem comprometer sensivelmente o desempenho de uma organização.

Controle total da qualidade

O autor que mais enfaticamente assinalou este princípio foi Armand Feigenbaum, ao afirmar que se o departamento de fabricação e os de controle da qualidade tivessem que operar isoladamente do contexto organizacional, a probabilidade de os produtos gerados atenderem aos requisitos cada vez mais rigorosos demandados pelo mercado seria cada vez menor.

Assevera Feigenbaum (1961:94):

> O princípio em que se assenta esta visão da qualidade total [...] é que, para se conseguir uma verdadeira eficácia, o controle precisa começar pelo projeto do produto e só terminar quando o produto tiver chegado às mãos de um freguês que fique satisfeito [...] o primeiro princípio a ser reconhecido é o de que *qualidade é um trabalho de todos*.

A qualidade total, por meio de suas diversas terminologias, foi uma percepção importante e ampliou o escopo de atuação da qualidade no ambiente organizacional. Todos os departamentos passaram a ser responsáveis pelo sucesso do empreendimento, enquanto a alta administração assumia a liderança e a responsabilidade final, orquestrando a integração entre as diversas áreas e, mais ainda, sinergizando as competências funcionais, visando a ampliação do conceito da qualidade, tal como se viu ocorrer nas décadas seguintes: uma abordagem mais holística, integrando produção de bens, serviços, marketing, recursos humanos, meio ambiente, qualidade de vida e, mais recentemente, ética e responsabilidade social.

Engenharia da confiabilidade

O controle estatístico de processo para melhoria da qualidade tornou-se, na década de 1950, uma prática corriqueira nas grandes organizações, e seu contínuo aperfeiçoamento gerou cada vez mais confiança no uso da estatística em processos de produção em escala.

No entanto, ainda havia um grande problema não resolvido: o de como lidar com a qualidade e as expectativas de funcionamento de componentes e equipamentos no ciclo de operação. Em outras palavras, o controle estatístico de processo funcionava muito bem dentro dos limites da fábrica, mas pouco se conhecia quanto à pós-fabricação e ao uso, exceto pelos problemas relatados e resolvidos de forma usualmente reativa.

Garvin (2002:17) esclarece:

> Em 1950, o Departamento de Defesa Norte-Americano criou um grupo Ad Hoc de Confiabilidade de Equipamentos Eletrônicos e, em 1957, foi publicado um grande relatório sobre o assunto. Este relatório acabou levando a inúmeras especifica-

> ções militares que estabeleciam os requisitos de um programa formal de confiabilidade. Esses esforços foram estimulados pela queda da confiabilidade dos componentes e sistemas militares. Em 1950, apenas a terça parte dos dispositivos eletrônicos da Marinha estava funcionando adequadamente. Um estudo feito na época pela Rand Corporation estimou que cada tubo de vácuo que os militares tinham funcionando era acompanhado de outros nove no depósito ou já encomendados. Havia problemas da mesma gravidade com mísseis e outros equipamentos aeroespaciais.

A partir desses enfoques ocorreram esforços sistemáticos e foram criados procedimentos baseados, em sua maioria, em análises estatísticas, que tornaram mais confiáveis as estimativas de tempo de operação de componentes e equipamentos, permitindo maior segurança operacional e alocação de recursos. Em suma, a qualidade expandiu-se para os domínios do uso pelo cliente.

Zero defeito

Zero defeito foi o último movimento importante da era da garantia da qualidade. Juntamente com a engenharia da confiabilidade, o controle da qualidade e os custos da qualidade, ajudou a expandir as fronteiras dessa área do conhecimento. Atividades de projeto, engenharia, planejamento e serviços passaram a ser tão importantes quanto a estatística e o controle da produção. Eram necessárias novas habilidades gerenciais, especialmente na área de relações humanas. A coordenação entre as funções tornou-se uma preocupação fundamental, e os profissionais da área da qualidade desviaram sua atenção para o delineamento de programas, a determinação de padrões e o acompanhamento das atividades de outros departamentos.

A Martin Corporation, por volta de 1961/62, estava construindo mísseis Pershing para o Exército dos EUA, e a qualidade considerada satisfatória somente era conseguida por meio de uma maciça inspeção. Em 12 de dezembro de 1961, a partir de um plano elaborado para baixar drasticamente os índices de defeito e os prazos de fabricação, finalmente houve a entrega de um míssil Pershing sem discrepância alguma (Garvin, 2002).

Esse evento caracterizou os passos iniciais da metodologia que ficou conhecida como *zero defeito*. Philip Crosby, que efetivamente desenvolveu sua estruturação e primeiras implementações, trabalhava na época na Martin Corporation. Na realidade, o princípio por trás do zero defeito é "fazer certo na primeira vez" e seus pilares são a filosofia de trabalho e seus processos, a motivação e a conscientização.

Gestão estratégica da qualidade

Especialmente nas duas últimas décadas do século XX a qualidade passou efetivamente a ser percebida como uma disciplina de cunho estratégico, além do seu viés tradicionalmente técnico. Os princípios da gestão pela qualidade total (GQT), disseminados a partir de 1950, foram enfim assimilados pela maioria das organizações, a qualidade passou a ser discutida na agenda estratégica do negócio e o mercado passou a valorizar quem a possuía, e a punir as organizações hesitantes ou focadas apenas nos processos clássicos de controle da qualidade.

As legislações de defesa do consumidor, além de normas internacionais amplas e aplicáveis na cadeia de interação cliente-fornecedor, como a família ISO 9000, transformaram definitivamente o escopo da qualidade, consolidando-a em todos os pontos dos negócios.

A essência da abordagem estratégica da qualidade foi resumida de modo muito simples em um relatório da Sociedade Americana de Controle da Qualidade (Hagan, 1984:21):

- não são os fornecedores do produto, mas aqueles para quem eles servem — os clientes, usuários e aqueles que os influenciam ou representam — que têm a última palavra quanto a até que ponto um produto atende às suas necessidades e satisfaz suas expectativas;
- a satisfação relaciona-se com o que a concorrência oferece;
- a satisfação, relacionada com o que a concorrência oferece, é conseguida durante a vida útil do produto, e não apenas na ocasião da compra;
- é preciso um conjunto de atributos para proporcionar o máximo de satisfação àqueles a quem o produto atende.

A qualidade nos dias de hoje

Hoje, qualidade é um termo que passou a fazer parte do jargão das organizações, independentemente do ramo de atividade e abrangência de atuação pública ou privada.

A principal diferença entre a abordagem do início do século XX e a atual é que a qualidade agora está relacionada às necessidades e aos anseios dos clientes. Seja qual for o porte da empresa, observam-se programas de qualidade e de melhoria de processos na maioria dos setores econômicos. Não importa fazer o melhor produto com os melhores processos, se o que se faz não vai ao encontro do consumidor, razão de ser de todos os processos organizacionais.

A similaridade funcional, e até mesmo de desempenho, dos produtos e bens de consumo é cada vez maior. Por isso, é preciso estar bastante sintonizado com os colaboradores, pois a qualidade hoje está muito mais associada à percepção de excelência nos serviços. E quando se fala em serviços está-se falando basicamente de pessoas. O elemento humano e sua qualidade representam o grande diferencial contemporâneo. Assim, prover treinamento adequado, por exemplo, pode significar o êxito do empreendimento.

No capítulo 2 serão apresentados alguns conceitos da qualidade, a fim de familiarizar você com esse processo de alcançar o seu cliente.

2 Conceitos básicos

Fundamentos

Há uma variedade de conceitos e definições de qualidade na literatura especializada e em áreas afins. Segundo Garvin (2002:48), "existem cinco abordagens principais para a definição de qualidade: transcendental, baseada no produto, baseada no usuário, baseada na produção e baseada no valor".

- Transcendental

  [...] uma condição de excelência que implica ótima qualidade, distinta de má qualidade... Qualidade é atingir ou buscar o padrão mais alto em vez de se contentar com o malfeito ou fraudulento (Tuchman, 1980:38).
  Qualidade não é uma ideia ou uma coisa concreta, mas uma terceira entidade independente das duas... embora não se possa definir qualidade, sabe-se o que ela é (Pirsig, 1974:185).

- Baseada no produto

  Diferenças de qualidade correspondem a diferenças de quantidade de algum ingrediente ou atributo desejado (Abbott, 1955:126-127).

Qualidade refere-se às quantidades de atributos sem preço presentes em cada unidade do atributo com preço (Leffler, 1982:956).

- Baseada no usuário

Qualidade consiste na capacidade de satisfazer desejos (Edwards, 1968:37).
Na análise final de mercado, a qualidade de um produto depende de até que ponto ele se ajusta aos padrões das preferências do consumidor (Kuehn e Day, 1962:101).
Qualidade é adequação ao uso (Juran, 1974:2).

- Baseada na produção

Qualidade [quer dizer] *conformidade com as exigências* (Crosby, 1979:15).
Qualidade é o grau em que o produto específico está de acordo com o projeto ou especificação (Gilmore, 1974:16).

- Baseada no valor

Qualidade é o grau de excelência a um preço aceitável e o controle da variabilidade a um custo aceitável (Broh, 1982:3).
Qualidade quer dizer o melhor para certas condições do cliente. Essas condições são: a) o verdadeiro uso; e b) o preço de venda do produto (Feigenbaum, 1961:1).

Outras definições podem ser enquadradas nas citadas, a partir de seus aspectos preponderantes. Mas, eventualmente, é possível perceber algum conflito entre elas. Dependendo da área considerada — marketing, vendas, produção —, uma ou outra definição aplica-se melhor. O caminho mais seguro para se definir qualidade em uma empresa é através de sua política da qualidade, que pode incluir mais de uma das abordagens indicadas.

O conceito de qualidade pode ser desdobrado em elementos básicos, como os elencados a seguir (Garvin, 2002:59-60):

- desempenho — refere-se às características operacionais básicas do produto;
- características — são as funções secundárias do produto, que suplementam seu funcionamento básico;
- confiabilidade — reflete a probabilidade de mau funcionamento de um produto;
- conformidade — refere-se ao grau em que o projeto e as características operacionais de um produto estão de acordo com padrões preestabelecidos;
- durabilidade — refere-se à vida útil de um produto, considerando suas dimensões econômicas e técnicas;
- atendimento — refere-se à rapidez, à cortesia, à facilidade de reparo ou substituição;
- estética — refere-se ao julgamento pessoal e ao reflexo das preferências individuais;
- qualidade percebida — refere-se à opinião subjetiva do usuário acerca do produto.

Principais linhas de pensamento

Juran e Deming foram os dois principais responsáveis pelo movimento da qualidade no Japão. Os japoneses consideram-nos os inspiradores do milagre industrial de seu país, iniciado na década de 1950. Os norte-americanos só lhes deram o devido valor nos anos 1980.

Mas seria injusto associar o movimento a apenas essas duas pessoas. Do lado norte-americano, Philip Crosby contribuiu com sua *teoria do zero defeito* e Armand Feigenbaum foi o grande impulsionador do conceito de *controle da qualidade total*. Do lado japonês, Kaoru Ishikawa e Genichi Taguchi são dois nomes importantes. Ishikawa foi o responsável pela adaptação da cultura japonesa aos ensinamentos de Deming e Juran, também criando as sete ferramentas do controle estatístico da qualidade. Foi ainda o grande inspirador dos *círculos de controle da qualidade* (CCQ). Taguchi deu forte impulso à promoção do *design* industrial, que marcou a segunda onda do movimento da qualidade no Japão após a primeira fase, assentada no controle estatístico. A seguir, algumas considerações sobre os principais estudiosos da temática.

W. Edwards Deming

As ideias de Deming nortearam o conhecimento a respeito da qualidade. Uma das principais é a constância de propósitos, que serve como um agente libertador do poder de motivação, criando em todos os colaboradores satisfação, orgulho e felicidade no trabalho e no aprendizado. Os atributos de liderança, obtenção do conhecimento, aplicação de metodologias estatísticas, compreensão e utilização das fontes de variação e perpetuação do ciclo de melhoria contínua da qualidade estão no âmago da filosofia de Deming. Os 14 pontos para gestão descrevem o caminho para a qualidade total, o qual deve ser continuamente aperfeiçoado. São eles (Deming, 1990:18):

Ponto 1 Criar uma constância de propósitos de aperfeiçoamento do produto e do serviço, a fim de torná-los competitivos, perpetuá-los no mercado e gerar empregos.

Ponto 2 Adotar a nova filosofia. Vivemos numa nova era econômica. A administração ocidental deve despertar para o desafio, conscientizar-se de suas responsabilidades e assumir a liderança em direção à transformação.

Ponto 3 Acabar com a dependência de inspeção para a obtenção da qualidade. Eliminar a necessidade da inspeção em massa, priorizando a internalização da qualidade do produto.

Ponto 4 Acabar com a prática de negócio compensador baseado apenas no preço. Em vez disso, minimizar o custo total. Insistir na ideia de um único fornecedor para cada item, desenvolvendo relacionamentos duradouros, calcados na qualidade e na confiança.

Ponto 5 Aperfeiçoar constante e continuamente todo o processo de planejamento, produção e serviço, com o objetivo de aumentar a qualidade e a produtividade e, consequentemente, reduzir os custos.

Ponto 6 Fornecer treinamento no local de trabalho.

Ponto 7 Adotar e estabelecer liderança. O objetivo da liderança é ajudar as pessoas a realizar um trabalho melhor. Assim como a liderança dos trabalhadores, a liderança empresarial necessita de uma completa reformulação.

Ponto 8 Eliminar o medo.

Ponto 9 Quebrar barreiras entre departamentos. Os colaboradores dos setores de pesquisa, projetos, vendas, compras ou produção devem trabalhar em equipe, tornando-se capazes de antecipar problemas que possam surgir durante a produção ou durante a utilização dos produtos ou serviços.

Ponto 10 Eliminar *slogans*, exortações e metas dirigidas aos empregados.

Ponto 11 Eliminar padrões artificiais (cotas numéricas) para o chão de fábrica, a administração por objetivos (APO) e a administração através de números e metas numéricas.

Ponto 12 Remover barreiras que despojem as pessoas de orgulho no trabalho. A atenção dos supervisores deve voltar-se para a qualidade e não para números. Remover as barreiras que usurpam dos colaboradores das áreas administrativas e de planejamento/engenharia o justo

	direito de orgulhar-se do produto de seu trabalho. Isso significa a abolição das avaliações de desempenho ou de mérito e da administração por objetivos ou por números.
Ponto 13	Estabelecer um programa rigoroso de educação e autoaperfeiçoamento para todo o pessoal.
Ponto 14	Colocar todos da empresa para trabalhar de modo a realizar a transformação. A transformação é tarefa de todos.

A qualidade é definida de acordo com as exigências e as necessidades do consumidor. Como estas estão em permanente mudança, as especificações da qualidade devem ser alteradas frequentemente. No entanto, Deming considera não ser suficiente cumprir apenas as especificações. É preciso utilizar os instrumentos de controle estatístico da qualidade, em vez da mera inspeção dos produtos. Ele recomenda, igualmente, a seleção criteriosa dos fornecedores que trabalham para a empresa.

Deming criticou o sistema empresarial norte-americano por não adotar a participação dos trabalhadores no processo de decisão. Argumentava que os gestores eram responsáveis pela maior parte dos problemas da qualidade, e que seu principal papel era o de remover as barreiras que impediam a realização de um bom trabalho.

Joseph M. Juran

Joseph Juran foi o primeiro a aplicar os conceitos da qualidade à estratégia empresarial, em vez de meramente associá-la à estatística ou aos métodos de controle total da qualidade.

Segundo Juran, a gestão da qualidade divide-se em três pontos fundamentais, denominados trilogia Juran: planejamento, controle e melhoria. Para ele, os processos de negócio são a maior e a mais negligenciada oportunidade de melhoria. Uma parcela expressiva dos problemas de qualidade são causados por processos de gestão. Juran considera a melhoria da qualidade a principal prioridade do gestor, e o planejamento a segunda, esforço que deve contar com a participação das pessoas que irão implementá-lo. Na sua opinião, separar planejamento e execução é uma noção obsoleta, que remonta aos tempos de Taylor. A terceira prioridade consiste em promover o controle da qualidade. Juran aconselha a sua delegação aos níveis operacionais da empresa. Devido à crescente qualificação dos trabalhadores, ele acredita em equipes autogerenciadas.

Armand Vallin Feigenbaum

Feigenbaum foi um dos formuladores do conceito de "controle da qualidade total" (*total quality control* — TQC). De acordo com sua abordagem, qualidade é um instrumento estratégico pelo qual todos os trabalhadores devem ser responsáveis. Mais do que uma técnica de eliminação de defeitos nas operações industriais, qualidade é uma filosofia de gestão e um compromisso com a excelência. Volta-se para fora da empresa e tem por base a orientação para o cliente.

A premissa básica do TQC é que a qualidade está ligada a todas as funções e atividades da organização e não apenas à fabricação e à engenharia. Feigenbaum é reconhecido como pioneiro no estudo dos custos da qualidade.

O comprometimento positivo com a qualidade é fundamental para os programas de TQC. As formas de se desenvolver e atingir esse comprometimento dependem da cultura, da história, da política, dos recursos e da personalidade da empresa. Mas é fundamental que o comprometimento ocorra a partir da alta administração.

Philip B. Crosby

Philip Crosby está associado aos conceitos de "zero defeito" e de "fazer certo na primeira vez". Para ele, qualidade significa conformidade com especificações, que, por sua vez, variam de acordo com as necessidades dos clientes. O objetivo é produzir, atendendo às especificações, o que encoraja as pessoas a melhorarem continuamente. Ele acredita que zero defeito não é apenas um *slogan*, mas um padrão de desempenho.

Afirma também que os responsáveis pela falta de qualidade são os gestores, e não os trabalhadores. As iniciativas voltadas para a qualidade devem vir de cima para baixo, ser ensinadas através do exemplo. Isso exige o empenho da alta administração e a formação dos empregados em técnicas de melhoria da qualidade. A criação de um grupo estratégico de especialistas da qualidade nas empresas é um dos elementos de seu modelo.

Crosby considera as técnicas não preventivas, como inspeção, teste e controle da qualidade, pouco eficazes. Como alternativa, recomenda a prevenção. Tal como Deming, Crosby também define 14 passos para a melhoria da qualidade, os quais são encarados como um processo e não como um programa, e devem ser perseguidos de modo permanente.

A base filosófica para a cultura da qualidade desejada é delineada pelos quatro princípios de gestão da qualidade:

- A qualidade é definida como conformidade aos requisitos.
- O sistema que leva à qualidade é a prevenção.
- O padrão de execução é o zero defeito.
- A medida da qualidade é o preço da não conformidade.

Segundo Crosby, os 14 passos para o processo de desenvolvimento da qualidade são:

Passo 1 Comprometimento com a qualidade (empenho da direção).
Passo 2 Grupo de melhoria da qualidade.
Passo 3 Mensuração (estabelecer padrões).
Passo 4 Custos da qualidade.
Passo 5 Consciência.
Passo 6 Ação corretiva.
Passo 7 Planejamento "zero defeito".
Passo 8 Educação do empregado.
Passo 9 Dia do zero defeito.
Passo 10 Estabelecimento de objetivo.
Passo 11 Remoção da causa do erro.
Passo 12 Identificação.
Passo 13 Conselhos da qualidade.
Passo 14 Fazer tudo de novo.

Outros estudiosos

Kaoru Ishikawa, conhecido como o pai do TQC japonês, enfatizou os aspectos humanos e a implementação dos círculos de controle da qualidade (CCQ). Para ele, cada elemento da empresa tem que estudar, praticar e participar do controle da qualidade. O TQC enseja que, com a participação de todos os colaboradores, incluindo o presidente, qualquer empresa ofereça produtos (ou serviços) melhores a um custo mais baixo, aumente as vendas, melhore os lucros e se transforme em uma organização melhor.

Já para Masaaki Imai, o melhoramento contínuo depende de uma profunda transformação na mentalidade, na filosofia, nos métodos e nos objetivos das empresas. Segundo ele, o melhoramento contínuo é a chave do sucesso competitivo japonês.

A filosofia de Genichi Taguchi, por seu turno, abrange todo o ciclo de produção, desde o *design* até a transformação em produto acabado. Ele define a qualidade em função das perdas geradas pelo produto para a sociedade. Essas perdas podem ser estimadas em função do tempo, que compreende a fase de expedição de um produto até o final de sua vida útil. Para Taguchi, a chave para reduzir as perdas não está na conformidade com as especificações, mas na redução da variabilidade estatística em relação aos objetivos fixados. A qualidade e o custo de um produto são determinados, em grande medida, por seu *design* e por seu processo de fabricação.

3

Prêmio Nacional da Qualidade

Este capítulo apresenta o modelo de gestão da qualidade proposto pela Fundação Nacional da Qualidade (FNQ), de grande importância por sua credibilidade e abrangência.

A FNQ, entidade privada e sem fins lucrativos, foi instituída no Brasil em outubro de 1991 por 39 organizações privadas e públicas, para administrar o Prêmio Nacional da Qualidade (PNQ) e representá-lo institucionalmente nos fóruns internacionais. Sua missão está associada à disseminação dos fundamentos da excelência em gestão para o aumento de competitividade das organizações e do Brasil.

No entendimento da FNQ, buscar a gestão da qualidade nas organizações é promover ações que visem o atendimento pleno do modelo de gestão referenciado nos *Critérios de excelência* (*CE*), um material editado pela FNQ, revisado anualmente por profissionais e acadêmicos de diversas áreas, que buscam atualizá-lo a partir de diversas fontes, por meio da troca de informações com aproximadamente outras 50 fundações internacionais com prêmios similares ao brasileiro. É, indiscutivelmente, um modelo que espelha o estado da arte da gestão para a excelência do desempenho e para o aumento da competitividade, o que, em última análise, significa um modelo para gestão da qualidade.

Grande volume de material a respeito da FNQ, do seu modelo de gestão da qualidade, dos critérios de avaliação do PNQ, do processo de candidatura e demais informações pertinentes está disponível no site da própria FNQ. As informações são de domínio público e de fácil acesso. O modelo é atualizado a cada ano. Desta forma, sugere-se a você a consulta ao site <www.fnq.org.br>. Entretanto, visando disseminar tais informações, este capítulo faz uma transcrição parcial, ou eventualmente adaptada, das partes mais relevantes dos *Critérios de excelência 2010*.

O modelo de gestão do PNQ é como a FNQ entende que deva ser o caminho da excelência de gestão numa organização. Ou seja, a organização que busca a qualidade total deveria procurar atender a todos os oito critérios de excelência (que no texto do PNQ, por se tratar de um modelo de premiação, são, na verdade, critérios de avaliação), promovendo ações alinhadas com os 23 itens de avaliação vinculados a esses critérios. Este capítulo descreve os critérios e respectivos itens de avaliação.

A ênfase neste capítulo recai sobre os aspectos premiação, critérios de excelência, itens de avaliação, pontuação e outros temas afins. No entanto, é fundamental que a organização tenha em mente ser mais importante entender e aplicar o modelo de gestão proposto do que buscar a premiação.

Histórico

Desde sua criação, em 1991, a FNQ conduziu ciclos de premiação anuais e recebeu mais de 480 candidaturas. Mais de 140 organizações receberam a visita dos examinadores, das quais apenas um seleto grupo recebeu o Prêmio Nacional da Qualidade.

Da experiência adquirida ao longo desses anos no cumprimento de sua missão institucional, a FNQ estimulou e participou da criação de diversas premiações setoriais, estaduais e regionais. Além disso, edita, desde 1996, *Os primeiros passos para a excelência,* que tem sido utilizado como referencial de avaliação para essas premiações, mantendo o alinhamento com os critérios de excelência.

Assim, o PNQ estimula a melhoria da qualidade da gestão das organizações brasileiras, reconhecendo anualmente aquelas que atingiram o nível de desempenho "classe mundial", ou seja, as organizações que se destacaram pela excelência da gestão de suas práticas e respectivos resultados, promovendo, interna e externamente, a reputação de excelência dos produtos e serviços brasileiros, divulgando as práticas exemplares de gestão e, consequentemente, contribuindo para a melhoria da qualidade de vida do povo brasileiro.

Até meados de 2010 foram as seguintes as empresas premiadas:

- AES Eletropaulo — categoria Grandes Empresas — PNQ 2009;
- Brasal Refrigerantes — categoria Grandes Empresas — PNQ 2009;
- CPFL Piratininga — categoria Grandes Empresas — PNQ 2009;
- Volvo Caminhões — categoria Grandes Empresas — PNQ 2009;
- CPFL Paulista — categoria Grandes Empresas — PNQ 2008;
- Suzano Papel e Celulose — categoria Grandes Empresas — PNQ 2008;

- Albras Alumínio Brasileiro S.A. — categoria Grandes Empresas — PNQ 2007;
- Fras-le S.A. — categoria Grandes Empresas — PNQ 2007;
- Gerdau Aços Longos S.A. — Unidade Gerdau Riograndense — categoria Grandes Empresas — PNQ 2007;
- Promon S.A. — categoria Grandes Empresas — PNQ 2007;
- Petróleo Brasileiro S.A. — Área de Negócio de Abastecimento — categoria Grandes Empresas — PNQ 2007;
- Belgo Siderurgia S.A. — Usina de Monlevade — categoria Grandes Empresas — PNQ 2006;
- Companhia Paulista de Força e Luz — categoria Grandes Empresas — PNQ 2005;
- Petroquímica União S.A. — categoria Grandes Empresas — PNQ 2005;
- Serasa S.A. — categoria Grandes Empresas — PNQ 2005;
- Suzano Petroquímica S.A. — categoria Médias Empresas — PNQ 2005;
- Belgo Juiz de Fora — categoria Grandes Empresas — PNQ 2004;
- Dana Albarus — Divisão de Cardans — Gravataí — categoria Grandes Empresas — PNQ 2003;
- Escritório de Engenharia Joal Teitelbaum — categoria Médias Empresas — PNQ 2003;
- Gerdau Aços Finos Piratini — categoria Grandes Empresas — PNQ 2002;
- Politeno Indústria e Comércio S.A. — categoria Médias Empresas — PNQ 2002;
- Irmandade da Santa Casa de Misericórdia de Porto Alegre — categoria Organizações Sem Fins Lucrativos — PNQ 2002;
- Bahia Sul Celulose S.A. — categoria Grandes Empresas — PNQ 2001;
- Serasa Centralização de Serviços dos Bancos — categoria Grandes Empresas — PNQ 2000;

- Cetrel S.A. Empresa de Proteção Ambiental — categoria Médias Empresas — PNQ 1999;
- Caterpillar Brasil — categoria Manufaturas — PNQ 1999;
- Siemens — Unidade de Telecomunicações — categoria Manufaturas — PNQ 1998;
- Weg — Unidade Motores — categoria Manufaturas — PNQ 1997;
- Copesul Companhia Petroquímica do Sul — categoria Manufaturas — PNQ 1997;
- Citibank — Unidade Corporate Banking — categoria Prestadoras de Serviços — PNQ 1997;
- Alcoa — Unidade Poços de Caldas — categoria Manufaturas — PNQ 1996;
- Serasa Centralização de Serviços dos Bancos — categoria Prestadoras de Serviços — PNQ 1995;
- Citibank — Unidade Global Consumer Bank — categoria Prestadoras de Serviços — PNQ 1994;
- Xerox do Brasil — categoria Manufaturas — PNQ 1993;
- IBM — Unidade Sumaré — categoria Manufaturas — PNQ 1992.

Processo de premiação

Para o Prêmio Nacional da Qualidade de 2010, os diversos setores e ramos de atividades foram subdivididos em cinco categorias de premiação (candidatura), de acordo com o setor e o porte:

- Grandes Empresas — organizações que possuem 500 ou mais pessoas na força de trabalho;
- Médias Empresas — organizações entre 100 e 499 pessoas na força de trabalho;
- Pequenas e Microempresas — organizações com 99 ou menos pessoas na força de trabalho;

- Órgãos da Administração Pública Federal — poderes Executivo, Legislativo e Judiciário;
- Organizações de Direito Privado Sem Fins Lucrativos.

São elegíveis organizações nacionais ou multinacionais, sociedades de economia mista, abertas ou não, limitadas ou com outras formas legais, inclusive unidades autônomas de uma organização maior.

As organizações elegíveis que desejam participar do PNQ necessitam elaborar um relatório da gestão abordando todos os itens de avaliação dos critérios de excelência.

As organizações candidatas ao prêmio devem fornecer informações sobre os enfoques de seus sistemas de gestão e sobre os resultados alcançados, de acordo com os critérios de excelência. Essas informações têm por objetivo mostrar se as candidatas possuem práticas de gestão exemplares, que redundam em resultados comparáveis aos referenciais de excelência e que possam servir de estímulo para outras organizações instaladas no território nacional. Os critérios de excelência estão desenhados não somente para servir como modelo para a avaliação do PNQ, mas, principalmente, para permitir um diagnóstico do sistema de gestão, seja qual for o tipo de organização. As informações requeridas podem ser subdivididas em três blocos:

- elegibilidade;
- inscrição para a candidatura;
- relatório de gestão.

Os sistemas de gestão das candidatas são analisados criticamente pela banca examinadora num processo subdividido em três etapas:

- análise crítica individual;
- análise crítica de consenso;
- visita às instalações.

A banca examinadora, responsável pela análise crítica das candidatas, é composta por examinadores seniores, examinadores relatores, examinadores e juízes — especialistas qualificados provenientes de diversos setores de atividades.

Todas as candidatas, incluindo-se as premiadas e as finalistas, recebem um relatório de avaliação contendo os detalhes do processo, a distribuição percentual das pontuações globais das demais candidatas, as pontuações obtidas em cada item de avaliação, os pontos fortes do sistema de gestão apresentado e suas oportunidades de melhoria.

Fundamentos de excelência

Em meados dos anos 1980, diante da necessidade de se melhorar a qualidade dos produtos e de se aumentar a produtividade das empresas americanas, um grupo de especialistas analisou uma série de organizações bem-sucedidas, consideradas até então "ilhas de excelência", em busca de características comuns que as diferenciassem das demais. As características identificadas eram compostas por valores organizacionais que podiam ser facilmente percebidos como parte da cultura das organizações, sendo praticados pelas pessoas que as compunham, desde os líderes de maior nível de responsabilidade até os empregados dos escalões inferiores. Naquela ocasião, os valores identificados nas organizações de sucesso foram considerados os fundamentos para a formação de uma cultura de gestão voltada para resultados e deram origem aos critérios de avaliação e à estrutura sistêmica do Malcolm Baldrige National Quality Award, (MBNQA, o PNQ americano) em 1987.

O modelo de gestão do PNQ foi elaborado em 1991, com base naquele mesmo conjunto de fundamentos. À medida que novos valores de gestão de organizações excelentes são desenvolvidos e identificados, os fundamentos da excelência passam por atualizações. Os que servem de referencial para os critérios de excelência do PNQ 2010 são:

- pensamento sistêmico;
- aprendizado organizacional;
- cultura de inovação;
- liderança e constância de propósitos;
- orientação por processos e informações;
- visão de futuro;
- geração de valor;
- valorização das pessoas;
- conhecimento sobre o cliente e o mercado;
- desenvolvimento de parcerias;
- responsabilidade social.

A seguir, são apresentados os conceitos de cada fundamento da excelência.

Pensamento sistêmico

Entendimento das relações de interdependência entre os diversos componentes de uma organização, bem como entre a organização e o ambiente externo.

Aprendizado organizacional

Busca e alcance de um novo patamar de conhecimento para a organização por meio da percepção, reflexão, avaliação e compartilhamento de experiências.

Cultura de inovação

Promoção de um ambiente favorável à criatividade, experimentação e implementação de novas ideias que possam gerar um diferencial competitivo para a organização.

Liderança e constância de propósitos

Atuação dos líderes de forma aberta, democrática, inspiradora e incentivadora das motivações das pessoas, visando o desenvolvimento da cultura da excelência, a promoção de relações de qualidade e a proteção dos interesses das partes.

Orientação por processos e informações

Compreensão e segmentação do conjunto das atividades e dos processos da organização que adicionam valor para as partes interessadas, sendo que a tomada de decisões e a execução de ações devem ter como base a medição e a análise do desempenho, levando em consideração as informações disponíveis e incluindo os riscos identificados.

Visão de futuro

Compreensão dos fatores que afetam a organização, seu ecossistema e o ambiente externo no curto e no longo prazos, visando sua perenização.

Geração de valor

Alcance de resultados consistentes, assegurando a perenidade da organização pelo aumento de valor — tangível e intangível — de forma sustentada para todas as partes integrantes.

Valorização das pessoas

Estabelecimento de relações com as pessoas, criando condições para que elas se realizem profissional e humanamente, maximizando seu desempenho por meio do comprometimento, desenvolvimento de competências e espaço para empreender.

Conhecimento sobre o cliente e o mercado

Conhecimento e entendimento do cliente e do mercado, visando a criação de valor de forma sustentada para o cliente e, consequentemente, gerando maior competitividade nos mercados.

Desenvolvimento de parcerias

Desenvolvimento de atividades em conjunto com outras organizações, potencializando competências complementares de cada organização e uma atuação conjunta, buscando benefícios para as partes.

Responsabilidade social

Atuação que se define pela relação ética e transparente da organização com todos os públicos com os quais se relaciona, estando voltada para o desenvolvimento sustentável da sociedade, preservando recursos ambientais e culturais para gerações futuras, respeitando a diversidade e promovendo a redução das desigualdades sociais como parte integrante da estratégia da organização.

Modelo de excelência

O modelo de excelência do PNQ reflete a experiência, o conhecimento e o trabalho de pesquisa de muitas organizações e especialistas, do Brasil e do exterior, ao longo de mais de 18 anos de existência da FNQ. Em função da sua flexibilidade, da simplicidade da linguagem utilizada e, principalmente, por não prescrever ferramentas e práticas de gestão específicas, o modelo é útil para avaliação, diagnóstico e orientação de qualquer tipo de organização, no setor público ou privado, com ou sem finalidade de lucro e de porte pequeno, médio ou grande.

A incorporação dos fundamentos da excelência às operações da organização, de maneira continuada e em consonância com seu perfil e suas estratégias, é enfatizada pelo modelo, que contém oito critérios de excelência:

1. liderança;
2. estratégias e planos;
3. clientes;
4. sociedade;
5. informações e conhecimento;
6. pessoas;
7. processos;
8. resultados.

Figura 1
Modelo de Excelência de Gestão® (MEG)
Visão sistêmica da organização

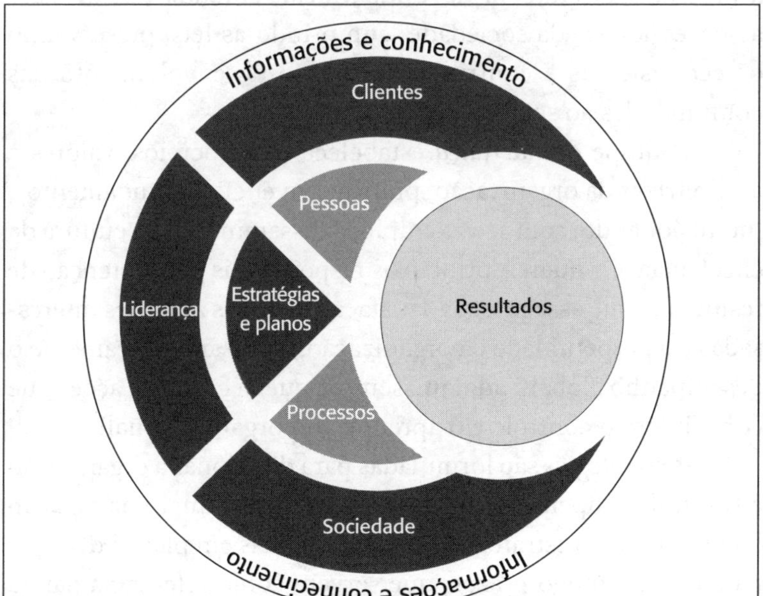

Fonte: FNQ (2010:19).

A figura 1, representativa do modelo de excelência da gestão® (MEG) do PNQ, simboliza o relacionamento entre a organização, considerada um sistema adaptável gerador de produtos e informações, e seus ambientes organizacional e tecnológico, ou seja, pode-se dizer que a figura representa um ser vivo — composto por elementos imersos num mesmo ambiente, que interagem de forma harmônica e sincronizada —, que, para sobreviver e se desenvolver, necessita de um adequado relacionamento com outros seres vivos do ambiente externo. Este ser vivo é a organização, e seus elementos são os critérios de excelência.

Os *clientes* são a razão de ser da organização e, em função disso, suas necessidades devem ser identificadas, entendidas e utilizadas para que os produtos possam ser desenvolvidos, de modo a criar o valor necessário para conquistá-los e retê-los. Por outro lado, para que haja continuidade em suas operações, a organização também deve identificar, entender e satisfazer as necessidades da sociedade, cumprindo as leis, preservando os ecossistemas e contribuindo para o desenvolvimento das comunidades ao seu redor.

A equipe de *liderança* estabelece os princípios, valores e as diretrizes da organização, pratica e vivencia os fundamentos, impulsionando, com seu exemplo, a disseminação da cultura da excelência. Os líderes, principais responsáveis pela obtenção de resultados que assegurem a satisfação de todas as partes interessadas e a perpetuidade da organização, analisam criticamente o desempenho global e adotam, sempre que necessário, ações que consolidem o controle e o aprendizado organizacional.

As *estratégias* são formuladas para direcionar a organização e o seu desempenho, bem como para determinar sua posição competitiva. As estratégias são desdobradas em planos de ação, para curto e longo prazos, que servem como referência para a tomada de decisões e para a aplicação de recursos na organização. Para permitir a comunicação clara das diretrizes organizacionais e das estratégias para as partes interessadas, direcionar a sua implementação e possibilitar a análise crítica do desempenho global pela liderança, o sistema de medição do desempenho da organização é planejado e operacionalizado.

As *pessoas* que compõem a força de trabalho devem estar capacitadas e satisfeitas, atuando em um ambiente propício à consolidação da cultura da excelência, para executar os processos, identificar as melhores alternativas de captação e aplicação de recursos e utilizar os bens e serviços provenientes de fornecedores para transformá-los em produtos, criando valor para os clientes, preservando os ecossistemas e contribuindo para o desenvolvimento das comunidades, de acordo com o que estabelecem as estratégias e os planos da organização.

Os *resultados* servem para acompanhar o desempenho da organização e suas tendências em relação aos clientes e ao mercado, às finanças, às pessoas, aos fornecedores, aos processos relativos ao produto, à sociedade, aos processos de apoio e aos processos organizacionais. Os efeitos gerados pelas práticas de gestão e pela dinâmica externa à organização podem ser comparados às metas estabelecidas durante a definição das estratégias e planos, para eventuais correções de rumo ou reforços das ações implementadas.

Finalmente, a experiência acumulada e o aprendizado adquirido constituem a memória da organização e sua principal fonte de melhoria e inovação. As *informações* e o *conhecimento* representam a inteligência da organização, propiciando a análise crítica e a tomada das ações necessárias, em todos os níveis. A gestão das informações e do capital é essencial para a jornada em busca da excelência.

Concluindo, no modelo de excelência do PNQ pode ser visualizado o ciclo PDCA da organização (que será visto no capítulo 5, "Padronização e melhoria"). Os critérios 1 a 4 representam a fase de planejamento (P); os critérios 6 e 7, a fase de execução (D); o critério 8, a etapa de controle (C); o critério

5, a retroalimentação, para que a liderança e demais membros da organização analisem criticamente os resultados correspondentes à etapa de aprendizado (A).

Os oito critérios de excelência estão subdivididos em 23 itens de avaliação, cada um deles com requisitos específicos e sua pontuação máxima. Destes, 17 são relacionados a processos gerenciais (1.1 a 7.3) e seis, a resultados organizacionais (8.1 a 8.6). Conforme mencionado, cada item solicita alguns requisitos relacionados à gestão da organização, sem prescrever ferramentas ou métodos de trabalho específicos.

A tabela 1 apresenta os critérios de excelência, subdivididos em itens de avaliação com suas respectivas pontuações máximas.

Tabela 1

CRITÉRIOS DE EXCELÊNCIA E ITENS DE AVALIAÇÃO DO PNQ

Critérios e itens	Pontuação máxima	
1. Liderança	**110**	
1.1 Governança corporativa		40
1.2 Exercício da liderança		40
1.3 Análise do desempenho da organização		30
2. Estratégias e planos	**60**	
2.1 Formulação das estratégias		30
2.2 Implementação das estratégias		30
3. Clientes	**60**	
3.1 Imagem e conhecimento de mercado		30
3.2 Relacionamento com clientes		30
4. Sociedade	**60**	
4.1 Responsabilidade socioambiental		30
4.2 Desenvolvimento social		30
5. Informações e conhecimento	**60**	
5.1 Informações da organização		30
5.2 Ativos intangíveis e conhecimento organizacional		30

continua

Critérios e itens		Pontuação máxima
6. Pessoas	**90**	
6.1 Sistemas de trabalho		30
6.2 Capacitação e desenvolvimento		30
6.3 Qualidade de vida		30
7. Processos	**110**	
7.1 Processos principais do negócio e processos de apoio		50
7.2 Processos relativos aos fornecedores		30
7.3 Processos econômico-financeiros		30
8. Resultados	**450**	
8.1 Resultados econômico-financeiros		100
8.2 Resultados relativos aos clientes e ao mercado		100
8.3 Resultados relativos à sociedade		60
8.4 Resultados relativos às pessoas		60
8.5 Resultados relativos aos processos		100
8.6 Resultados relativos aos fornecedores		30
Total de pontos	**1.000**	

O resumo descritivo de cada um desses critérios é apresentado a seguir. A relação completa e detalhada dos critérios e itens encontra-se em *Critérios de Excelência 2010*. Como, a cada ano e em função do desenvolvimento de práticas modernas de gestão nas organizações e do próprio mercado, os critérios sofrem alterações, deve-se procurar a publicação mais atualizada do PNQ.

1. *Liderança*

Este critério aborda os processos gerenciais relativos à orientação filosófica da organização e controle externo sobre sua direção, bem como aqueles referentes ao engajamento, através das lideranças, das pessoas e partes interessadas na sua causa, e ao controle de resultados pela direção. Subdivide-se nos seguintes itens de avaliação:

1.1 governança corporativa;
1.2 exercício da liderança e promoção da cultura de excelência;
1.3 análise do desempenho da organização.

2. *Estratégias e planos*

Este critério aborda os processos gerenciais relativos à concepção e à execução das estratégias, inclusive aqueles referentes ao estabelecimento de metas e à definição e acompanhamento de planos necessários para o êxito das estratégias. Subdivide-se nos seguintes itens de avaliação:

2.1 formulação das estratégias;
2.2 implementação das estratégias.

3. *Clientes*

Este critério contempla os processos gerenciais relativos à comunicação com o mercado e clientes (atuais e potenciais), bem como os que se referem ao tratamento de informações, tanto de clientes quanto do mercado. Subdivide-se nos seguintes itens de avaliação:

3.1 imagem e conhecimento de mercado;
3.2 relacionamento com clientes.

4. *Sociedade*

Este critério refere-se aos processos gerenciais relativos ao respeito e tratamento das demandas da sociedade e do meio ambiente, e ao desenvolvimento social das comunidades mais influenciadas pela organização. Subdivide-se nos seguintes itens de avaliação:

4.1 responsabilidade socioambiental;
4.2 desenvolvimento social.

5. *Informações e conhecimento*

Este critério aborda os processos gerenciais relativos ao tratamento organizado da demanda por informações na organização e ao desenvolvimento controlado dos ativos intangíveis geradores de diferenciais competitivos, especialmente os de conhecimento. Este critério se subdivide nos seguintes itens de avaliação:

5.1 informações da organização;
5.2 ativos intangíveis e conhecimento organizacional.

6. *Pessoas*

Este critério refere-se aos processos gerenciais relativos à configuração de equipes de alto desempenho, ao desenvolvimento de competências das pessoas e à manutenção de seu bem-estar. Subdivide-se nos seguintes itens de avaliação:

6.1 sistemas de trabalho;
6.2 capacitação e desenvolvimento;
6.3 qualidade de vida.

7. *Processos*

Este critério aborda os processos gerenciais relativos aos processos principais do negócio e de apoio, tratando separadamente os que se referem a fornecedores e os econômico-financeiros. Subdivide-se nos seguintes itens de avaliação:

7.1 processos principais do negócio e processos de apoio;
7.2 processos relativos aos fornecedores;
7.3 processos econômico-financeiros.

8. *Resultados*

Este critério aborda os resultados da organização na forma de séries históricas acompanhados de referenciais comparativos pertinentes, para avaliar o nível alcançado, e de níveis de desempenho associados aos principais requisitos de partes interessadas, para verificar o atendimento. O critério se subdivide nos seguintes itens de avaliação:

8.1 resultados econômico-financeiros;
8.2 resultados relativos aos clientes e ao mercado;
8.3 resultados relativos à sociedade;
8.4 resultados relativos às pessoas;
8.5 resultados relativos aos processos;
8.6 resultados relativos aos fornecedores.

Todos os itens de enfoque e aplicação (1.1 a 7.3) estão estruturados conforme a dinâmica do diagrama de gestão apresentado na figura 2.

Esse diagrama de gestão, por sua vez, se subdivide em *planejamento*, *execução*, *controle* e *aprendizado*, pautando-se, em suma, no modelo PDCA.

No *planejamento* (P), a liderança, de posse de todas essas informações, estabelece os princípios da organização, pratica e vivencia os fundamentos da excelência, impulsionando, com seu exemplo, a cultura desta última na organização. Os líderes, principais responsáveis pela obtenção de resultados que assegurem a satisfação de todas as partes interessadas e a perpetuidade da organização, analisam o desempenho da mesma e executam, sempre que necessário, as ações requeridas, consolidando o aprendizado organizacional. As estratégias são formuladas pelos líderes para direcionar a organização e o seu desempenho, e para determinar sua posição competitiva. São estabelecidas metas que consideram projeções e estimativas, além do desempenho dos concorrentes ou outros referenciais. As estratégias são desdobradas, em todos os níveis da organização, em planos de ação de curto e longo prazos. Recursos adequados são alocados para assegurar a implementação das estratégias. Estas, assim como as metas e os planos, são comunicadas às pessoas da força de trabalho e, quando pertinente, às demais partes interessadas. A organização avalia permanentemente a implementação das estratégias, monitora os respectivos planos e responde rapidamente às mudanças nos ambientes interno e externo. No *planejamento* são solicitadas práticas de gestão que atendam aos requisitos de cada item dos seguintes critérios de excelência: *liderança*, *estratégias e planos, clientes e sociedade* — todos relacionados a "itens de processos gerenciais" (1.1 a 4.2).

Figura 2

DIAGRAMA DE GESTÃO

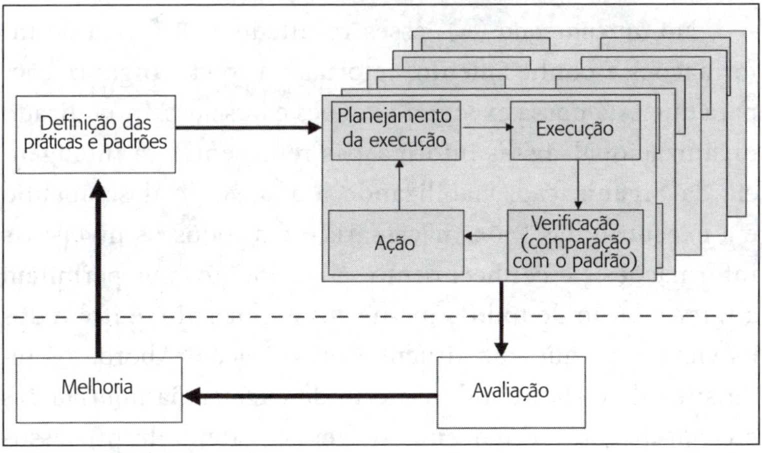

Fonte: FNQ (2010:21).

Na *execução* (D), as pessoas que compõem a força de trabalho devem estar capacitadas e comprometidas, atuando em um ambiente propício à consolidação da cultura de excelência, para executar e gerenciar adequadamente os processos, criando valor para os clientes e aperfeiçoando o relacionamento com os fornecedores. A organização planeja e controla os seus custos e investimentos. Os riscos financeiros são quantificados e monitorados. Nesta etapa são tratadas as práticas de gestão voltadas ao atendimento de cada item de outros dois critérios de excelência: *pessoas* e *processos*, também relacionados ao gênero "itens de processos gerenciais" (6.1 a 7.3).

No *controle* (C), são mensurados os *resultados* em relação a: situação econômico-financeira, clientes e mercado, pessoas, sociedade, processos e fornecedores. Os efeitos gerados pela implementação sinérgica das práticas de gestão e pela dinâmica externa à organização podem ser comparados às metas estabelecidas para eventuais correções de rumo ou reforços das ações implementadas. Atende, portanto, aos requisitos de cada item do critério de excelência *resultados*, pertencente ao gênero "itens de resultados organizacionais" (8.1 a 8.6).

No *aprendizado* (A), esses resultados, na forma de informações e conhecimento, retornam a toda a organização, para que esta possa executar as ações e buscar o aprendizado organizacional. Essas informações representam a inteligência da organização, viabilizando a análise do desempenho e a execução das ações necessárias, em todos os níveis. As informações e o conhecimento são elementos que permitem a inter-relação de todos os critérios e, portanto, entre todos os elementos que constituem a organização. Aborda os requisitos de cada item do critério de excelência *informações e conhecimento* pertencente ao gênero "itens de processos gerenciais" (5.1 a 5.2).

No próximo capítulo será apresentado o modelo de gestão da qualidade proposto pela International Organization for Standardization (ISO), que, apesar de não possuir níveis de amplitude e atualização como o da FNQ, tem seu destaque, por consistir em um modelo alcançado por meio de consenso e aceitação pelos países que representam uma parcela expressiva do PIB mundial. Daí sua importância no cenário internacional.

4 Normas ISO

Neste capítulo serão apresentadas as normas ISO e demais normas que compõem um sistema de gestão. As normas ISO possuem um papel muito importante no mundo globalizado, devido ao seu reconhecimento internacional no que diz respeito às relações contratuais entre organizações, sociedades e indivíduos. Elas revelam um consenso mundial sobre gestão e, hoje, formam, junto com outras normas, os chamados *sistemas de gestão integrados* que tanto influenciam o cotidiano de todas as organizações.

Histórico

Em reunião em Londres em 1946, representantes de 25 países decidiram criar uma organização internacional com o objetivo de facilitar, em nível mundial, a coordenação e a unificação de normas industriais. Essa organização, com sede em Genebra, Suíça, começou a funcionar oficialmente em 23 de fevereiro de 1947 com a denominação International Organization for Standardization (ISO), ou Organização Internacional de Normalização.

Muitos notam a falta de correspondência entre a sigla oficial ISO e o nome International Organization for Standardization. Não deveria ser IOS? De fato, "*iso*" é uma palavra derivada do grego *isos*, significando "igual", que deu origem ao prefixo "iso-", utilizado em grande quantidade de termos (por exemplo, isométrico e isonomia). Além disso, a sigla tem a vantagem de ser válida nos dois idiomas oficiais da organização: inglês e francês. Outro ponto interessante é que, no inglês (britânico), escreve-se *standardisation* e *organisation*, com "s" em lugar de "z".

A ISO é uma organização não governamental internacional, que reúne mais de uma centena de organismos nacionais de normalização. Representando países que respondem por cerca de 95% do PIB mundial, tem por objetivo promover o desenvolvimento da padronização e de atividades correlacionadas, de forma a possibilitar o intercâmbio econômico, científico e tecnológico em níveis mais acessíveis aos aludidos organismos (Marshall Jr., 2001).

O escopo da ISO sobre normalização está estabelecido em todos os campos do conhecimento, exceto no de normas da área de engenharia eletrônica e elétrica, que são de responsabilidade da International Eletrotechnical Commission (IEC).

A ISO concilia interesses de produtores, usuários, governos e da comunidade científica na preparação de normas internacionais. Seu trabalho é desenvolvido por intermédio de mais de 2.600 grupos técnicos, compostos por mais de 20 mil especialistas de todo o mundo, e que participam anualmente dos trabalhos técnicos da ISO, dos quais já resultou a publicação de mais de 13 mil normas desde a fundação da organização.

A normalização é uma atividade que estabelece, em relação a problemas existentes ou potenciais, prescrições destinadas à utilização comum e repetitiva, com vistas à obtenção do grau ótimo de ordem em um dado contexto. Os objetivos da normalização são:

- economia — proporcionar a redução da crescente variedade de produtos e procedimentos;
- comunicação — proporcionar meios mais eficientes de troca de informações entre o fabricante e o cliente, melhorando a confiabilidade das relações comerciais;
- segurança — proteger a vida e a saúde;
- proteção do consumidor — prover a sociedade de meios eficazes para aferir a qualidade dos bens e serviços;
- eliminação de barreiras técnicas e comerciais — evitar a existência de regulamentos conflitantes sobre bens e serviços em diferentes países, facilitando, assim, o intercâmbio comercial.

Na prática, a normalização está presente na fabricação dos produtos, na transferência de tecnologia e na melhoria da qualidade de vida, através de normas relativas à saúde, à segurança e à preservação do meio ambiente.

Considera-se que o primeiro documento a normalizar o que então se denominava "garantia da qualidade" foram as normas militares norte-americanas MIL-Q-9858, uma especificação de sistema da qualidade, e MIL-1-45208, que descreve os requisitos de um sistema de inspeção. Ambas eram muito menos abrangentes do que suas sucessoras; auditoria e rastreabilidade, por exemplo, eram tópicos ainda ausentes de seus textos.

O marco seguinte foi a publicação, nos EUA, de documentos referentes à área nuclear, juntamente com a norma norte-americana ANSI N45.2 e o Apêndice B do 10CFR50 (Código de Regulamentos Federais).

Outros documentos de repercussão internacional foram as normas canadenses da série CSA Z.299, graças ao seu conteúdo didático. A primeira versão dessas normas serviu para a elaboração das normas brasileiras NBR 8593 a NBR 8597.

Outras normas foram emitidas também, por países como França, Noruega e EUA, mas com repercussão apenas nacional.

O padrão de referência internacional para a normalização de sistemas da qualidade só foi possível com o surgimento das normas BS 4891 e BS 5179, que tinham caráter de código de práticas, sem qualquer aplicação em situações contratuais, mas que, em 1979, orientaram o surgimento da norma BS 5750, que continha, na sua parte 1, uma especificação para sistema da qualidade, e nas partes 2 e 3, especificações para sistemas de inspeção. A parte 1 da BS 5750 começou a ser usada em relações contratuais. O British Standard Institute (BSI) iniciou então um processo de certificação de terceira parte, para avaliar e cadastrar empresas que estivessem em conformidade com os requisitos dessa norma.

Finalmente, em 1987, a ISO lançou a família de normas ISO 9000, fortemente baseadas nas normas britânicas da qualidade e nas experiências e contribuições de especialistas e representantes de diversos países, e que conseguiram superar divergências quanto a terminologia, conceitos e práticas, e chegar a um resultado que pode ser considerado um marco histórico na evolução da garantia e da gestão da qualidade. A partir desse momento, essas normas começaram a evoluir.

Em 1994, foi realizada a primeira revisão geral, a fim de melhorar sua interpretação e garantir a inclusão dos aspectos preventivos da garantia da qualidade. Essa revisão foi considerada superficial, pois foram feitas apenas pequenas adequações formais, visando antecipar as grandes alterações previstas para o ano 2000.

Em 2000, ocorreu a segunda revisão, mais significativa, tendo maior ênfase não só os aspectos industriais como também os de serviços.

Em 2008 ocorreu uma nova revisão, aprimorando os requisitos da versão anterior.

De modo geral, todos os padrões da ISO — quase 20 mil — requerem revisões periódicas. Vários fatores provocam a sua obsolescência, como, por exemplo, a evolução tecnológica, novos métodos e materiais, novos requisitos de qualidade e segurança, entre outros. Levando em consideração esses fatores, a ISO estabeleceu que as normas devem ser revisadas em intervalos inferiores a cinco anos.

Essas revisões periódicas provocam uma constante adaptação nas atividades de certificação, pois as organizações certificadas precisam adaptar e melhorar seus sistemas de gestão para incluir os novos requisitos que são inseridos nas normas de referência. A certificação passa, então, a ser uma atividade dinâmica, que proporciona à organização oportunidades consideráveis de melhoria.

Tendo em vista que esse modelo é sistematicamente atualizado, sugere-se consulta no site da ABNT <www.abnt.org.br/>, onde são oferecidas informações atualizadas e complementares a respeito da temática.

Certificação

A necessidade de as empresas comunicarem aos seus clientes e ao mercado a adequação de seu sistema da qualidade às normas de referência originou a atividade de certificação.

Certificação é um conjunto de atividades desenvolvidas por um organismo independente, sem relação comercial, com o objetivo de atestar publicamente, por escrito, que determinado produto ou processo está em conformidade com os requisitos especificados. Esses requisitos podem ser nacionais, estrangeiros ou internacionais.

As atividades de certificação podem envolver análise de documentação; auditorias e inspeções na empresa; coleta e ensaios de produtos, no mercado ou na fábrica, com o objetivo de avaliar a referida conformidade e sua manutenção.

Não se deve pensar na certificação como uma ação isolada e pontual e, sim, como um processo que se inicia com a conscientização da necessidade da qualidade para a manutenção da competitividade e consequente permanência no mercado, passando pela utilização de normas técnicas e pela difusão do conceito da qualidade por todos os setores da empresa, abrangendo seus aspectos operacionais internos e o relacionamento com a sociedade e o ambiente.

A certificação é efetuada por um organismo específico, que, no âmbito do modelo do Sistema Brasileiro de Avaliação da Conformidade (SBAC) determinado por resolução do Conselho Nacional de Metrologia, Normalização e Qualidade Industrial (Conmetro), deve estar credenciado no Instituto Nacional de Metrologia, Normalização e Qualidade Industrial (Inmetro) para exercer tal atividade. O SBAC conceitua esse tipo de atividade como certificação de terceira parte, na qual uma entidade independente das partes envolvidas nas relações contratuais (fornecedor-cliente) realiza a avaliação do sistema de qualidade da empresa.

O Inmetro, em sintonia com os requisitos estabelecidos pelo Comitê de Avaliação da Conformidade (ISO/Casco) e em busca do reconhecimento internacional, estruturou seu sistema de certificação reunindo uma comissão de certificação com composição equilibrada de representantes da sociedade. O que distingue o Inmetro como organismo credenciador no país é a participação efetiva da sociedade no funcionamento de sua estrutura organizacional. Essa forma de atuação mantém a imparcialidade necessária na avaliação das concessões dos certificados de registro, para garantir a credibilidade do sistema de certificação e, consequentemente, do próprio certificado.

As normas da família ISO 9000, por também serem utilizadas em situações contratuais, pressupõem a realização de auditorias pelo cliente. Em face da multiplicação dessas exigências, tornou-se natural admitir a situação em que um organismo independente (terceira parte), reconhecido por todos, efetuasse essas auditorias, que seriam assim aceitas, facilitando e simplificando as relações comerciais.

Contudo, as auditorias por parte dos clientes ainda são empregadas, em especial quando as empresas fornecedoras ainda não estão certificadas. Nesse caso, trata-se da avaliação ou qualificação de fornecedores. A tendência é que os clientes passem a exigir dos fornecedores e parceiros a sua certificação por organismos de certificação credenciados (OCC), a fim de reduzir os custos com as auditorias de qualificação.

Por ter caráter voluntário, a certificação ISO 9000 é uma atividade que será tanto mais aceita quanto maior for a credibilidade de quem a atesta.

Basicamente, pode-se dividir a atividade de auditoria em verificação da conformidade da documentação da organização à norma (auditoria de adequação) e verificação, por meio de evidência objetiva, da efetiva implementação dos procedimentos que compõem o sistema da qualidade de uma empresa (auditoria de conformidade). As auditorias são ainda classificadas em auditoria de primeira parte (auditoria interna), auditoria de segunda parte (cliente-fornecedor) e auditoria de terceira parte (sem relação comercial, feita por um organismo independente).

Normalização

Fundada em 1940, a ABNT é uma entidade privada, sem fins lucrativos, considerada o único fórum de normalização, em âmbito nacional, pela Resolução nº 7 do Conmetro, de 24 de agosto de 1992. É responsável pela produção de normas nacionais e pela representação brasileira na ISO. Os documentos normativos de caráter consensual aprovados pela ABNT são considerados "normas brasileiras". A ABNT é membro fundador da ISO, da Comissão Pan-Americana de Normas Técnicas (Copant) e da Associação Mercosul de Normalização (AMN). É a única e exclusiva representante no Brasil das entidades International Organization for Standardization (ISO) e International Electrotechnical Commission (IEC), e de entidades de normalização regional, como a Copant e a AMN.

A ABNT é uma entidade nacional com credibilidade internacional. Todo o processo de certificação está estruturado em padrões internacionais, de acordo com ISO/IEC Guia 62/1997, e as auditorias são realizadas atendendo à norma ISO 19011 — Diretrizes para auditorias de sistemas de gestão da qualidade e/ou ambientais — que procura garantir um processo reconhecido e seguro. A ABNT conta ainda com um quadro de técnicos capacitados e treinados para realizar avaliações uniformes, o que garante maior rapidez e confiança nos certificados. E é credenciada pelo Inmetro, que possui acordo de reconhecimento com o International Accreditation Forum (IAF) para certificar sistemas de gestão da qualidade, além de diversos bens e serviços.

O Certificado de Registro de Empresa ABNT é o documento que atesta a conformidade dos sistemas de qualidade e do sistema de gestão ambiental de uma empresa aos requisitos das normas ISO 9001 e ISO 14001, respectivamente.

Mediante acordos com organismos congêneres, a ABNT oferece também certificados aceitos na Europa, nos EUA e em outros países da América do Sul.

O Comitê Brasileiro da Qualidade (CB-25) é o comitê da ABNT responsável pela elaboração e divulgação das normas de gestão da qualidade propostas pelo Comitê Técnico TC-176 (comitê técnico da ISO responsável pela normalização na área da qualidade). O CB-25 adotou como uma de suas estratégias estruturar-se de forma idêntica ao ISO/TC-176, desde o presidente do comitê até os grupos de trabalho.

Outra estratégia foi adotar um esquema de trabalho que proporcionasse maior participação brasileira no ISO/TC-176, seja comparecendo às reuniões internacionais, estudando os assuntos que estão sendo discutidos e adotando uma posição nacional a fim de entender profundamente os documentos gerados, seja influenciando o conteúdo desses documentos, para preservar e defender os interesses e as necessidades do Brasil. Esse aspecto é muito importante, pois as normas ISO 9000 têm grande influência nas relações comerciais entre os países e, portanto, podem tornar-se barreiras técnicas que, futuramente, inviabilizariam transações comerciais internacionais do Brasil.

Apesar desse aspecto, as normas ISO, na sua versão 2000, são mais facilmente aplicáveis às organizações, conforme pode ser visto a seguir.

Normas ISO 9000

As normas da família ISO 9000 têm os seguintes propósitos:

- resolver as dificuldades encontradas pelos pequenos negócios, que não dispõem de especialistas ou de departamentos de gestão da qualidade com conhecimento suficiente para interpretar os requisitos da norma e implementá-los adequadamente;
- adequar as normas às necessidades dos setores emergentes, mais especificamente os setores de serviços, como saúde, educação, tecnologia da informação, entre outros, uma vez que as normas da versão anterior, apesar de aplicáveis a esses setores, possuíam um viés de indústria;
- reduzir o número de diretrizes que foram surgindo, com o objetivo de esclarecer sua aplicação, quer para setores espe-

cíficos, quer para diferentes portes de organizações ou para categorias de produtos;

- contemplar a evolução das necessidades dos usuários e clientes, as quais sofreram profundas modificações nas duas últimas décadas;
- adequar a estrutura da norma e o conteúdo dos requisitos à gestão orientada para processos, que modernamente orienta a estrutura da maioria das organizações;
- orientar a gestão das organizações, além da certificação ou do registro de seus sistemas de qualidade, na direção da melhoria do desempenho;
- possibilitar a implementação integrada de múltiplos sistemas gerenciais, notadamente dos sistemas de gestão ambiental, objeto das normas ISO 14001 e ISO 14004.

Com base nesses propósitos foram aprovadas as seguintes normas:

- NBR ISO 9000 — Sistemas de gestão da qualidade — Fundamentos e vocabulário;
- NBR ISO 9001 — Sistemas de gestão da qualidade — Requisitos;
- NBR ISO 9004 — Sistemas de gestão da qualidade — Diretrizes para melhoria do desempenho.

A norma NBR ISO 9001 contempla oito princípios de gestão da qualidade: foco no cliente, liderança, envolvimento de pessoas, abordagem de processos, abordagem sistêmica da gestão, melhoria contínua, abordagem factual para a tomada de decisões e relacionamento mutuamente benéfico com fornecedores.

Uma importante característica pode ser notada no título da norma, que na versão anterior era denominada Sistemas da qualidade — Modelo para garantia da qualidade. Na revisão de 2000 o título foi modificado para Sistemas de gestão da qualidade

— Requisitos, enfatizando que, além da garantia da qualidade para o cliente e para a própria administração, busca-se também o incremento dos indicadores relativos à qualidade, ao processo e ao negócio. A versão 2008 manteve o mesmo título da anterior.

Requisitos da NBR ISO 9001

A seguir, as seções e os requisitos que compõem a NBR ISO 9001, bem como seus principais elementos constituintes:

Seção 0 – Introdução

Esta seção trata da importância de uma decisão estratégica para mostrar a adoção de um sistema de gestão. Destaca também a possibilidade de a organização utilizar a norma para avaliar sua capacidade de atender aos requisitos do cliente, tanto os regulamentares quanto os da própria organização.

É importante frisar que a abordagem de processo e a compatibilidade com outras normas são pontos fortes da versão 2000.

Seção 1 – Objetivo

O objetivo desta norma é especificar os requisitos de um sistema de gestão da qualidade. Esses requisitos são usados para que uma organização demonstre sua capacidade de fornecer produtos ou serviços de acordo com os requisitos do cliente e quanto pretende aumentar a satisfação do cliente.

Seção 2 – Referências normativas

Esta seção trata dos fundamentos e do vocabulário de um sistema de gestão da qualidade.

Seção 3 — Termos e definições

Qualidade é definida como o grau em que um conjunto de características inerentes satisfaz requisitos.

Seção 4 — Sistema de gestão da qualidade

Esta seção apresenta os requisitos gerais de um sistema de gestão da qualidade. Abrange todo o modelo de processo na sua integração horizontal e vertical. Os principais elementos desta seção contemplam a elaboração do manual da qualidade, o controle de documentos e o controle de registros da qualidade.

Portanto, a organização deve identificar os processos necessários ao sistema de gestão da qualidade e à sua aplicação, determinando sua sequência e interação. Deve também especificar os critérios e métodos necessários para que a operação e o controle desses processos sejam eficazes, assegurando a disponibilidade de recursos e informações para apoiar a operação e o monitoramento, medindo, analisando e implementando ações para atingir os resultados planejados e a melhoria contínua desses processos.

A documentação do sistema de gestão da qualidade deve incluir declarações documentadas da política e dos objetivos da qualidade, contendo o manual da qualidade (escopo com exclusões justificadas, referências aos procedimentos e descrição das interações dos processos — ver NBR ISO/TR 10013 — Elaboração do manual da qualidade) e procedimentos documentados requeridos pela norma de referência, além dos documentos necessários à organização para assegurar o planejamento, a operação e o controle eficazes de seus processos, e registros que comprovem que uma atividade foi realizada.

Antes de serem emitidos, os documentos devem ser aprovados quanto à sua adequação. Devem ser analisados criticamente, atualizados e, quando necessário, reaprovados. Deve-se assegurar que alterações e a situação da revisão atual dos documentos sejam identificadas e que as versões pertinentes de documentos aplicáveis estejam disponíveis nos locais de uso. Os documentos devem permanecer legíveis e prontamente identificáveis. Os documentos de origem externa devem ser identificados e sua distribuição deve ser controlada, evitando-se o uso não intencional de documentos obsoletos. Por fim, deve-se aplicar identificação adequada nos casos em que forem retidos por qualquer propósito.

Seção 5 – Responsabilidade da direção

Nesta seção estão todas as ferramentas que permitem garantir a capacidade de análise da funcionalidade do sistema, sua melhoria contínua, além de promover as necessárias modificações no sistema de qualidade, na política da qualidade e nos objetivos e metas de qualidade. A seção subdivide-se em compromisso da direção, foco no cliente, política da qualidade, planejamento, responsabilidade, autoridade e comunicação, e análise crítica pela direção.

É muito importante frisar que a alta direção deve assegurar que os objetivos da qualidade, incluindo aqueles necessários para atender aos requisitos do produto, sejam estabelecidos nas funções e nos níveis pertinentes da organização. Esses objetivos devem ser mensuráveis e coerentes com a política da qualidade e amplamente divulgados para todos os níveis da organização e para as partes interessadas, demonstrando o compromisso do alto escalão da empresa com a política de qualidade adotada, isto é, não criando expectativas sobre o que não se pode medir e divulgar.

Seção 6 – Gestão de recursos

Focaliza a disponibilização dos recursos necessários, a disponibilidade de pessoal capacitado, treinamento, instalações adequadas e ambiente de trabalho. Esta seção inclui, como principais elementos, a noção de provisão de recursos, recursos humanos, competência, conscientização e treinamento, infraestrutura e ambiente de trabalho.

Seção 7 – Realização do produto

Compreende o planejamento, o desenvolvimento, a fabricação e os acompanhamentos necessários à adequada execução do produto ou serviço.

Esta seção é a mais extensa, pois contempla o *core business* da organização. A realização do produto compreende as etapas descritas a seguir.

7.1 O planejamento da realização do produto, que consiste nos processos, objetivos e requisitos do produto da organização. Determina o estabelecimento das atividades de verificação, validação, monitoramento, inspeção e ensaio e dos critérios para aceitação. Deve-se também planejar os registros necessários para fornecer evidência de atendimento dos requisitos. Para empreendimentos específicos, pode-se utilizar planos da qualidade ou projetos para empreendimentos temporários.

7.2 Processos relacionados a clientes
- 7.2.1 Determinação de requisitos relacionados ao produto
- 7.2.2 Análise crítica dos requisitos relacionados ao produto
- 7.2.3 Comunicação com o cliente

7.3 Projeto e desenvolvimento
- 7.3.1 Planejamento
- 7.3.2 Entradas
- 7.3.3 Saídas
- 7.3.4 Análise crítica
- 7.3.5 Verificação

7.3.6 Validação
7.3.7 Controle de alterações

7.4 Aquisição
7.4.1 Processo de aquisição
7.4.2 Informações de aquisição
7.4.3 Verificação do produto adquirido

7.5 Produção e fornecimento de serviço
7.5.1 Controle de produção e fornecimento de serviço
7.5.2 Validação dos processos de produção e fornecimento de serviço
7.5.3 Identificação e rastreabilidade
7.5.4 Propriedade do cliente
7.5.5 Preservação do produto

7.6 Controle de dispositivos de medição e monitoramento

Seção 8 — Medição, análise e melhoria

Esta seção tem como objetivo o acompanhamento dos resultados através de monitoramento interno, que engloba: auditorias internas, medição e acompanhamento dos processos, dos produtos e dos serviços realizados, controle das não conformidades, análise de indicadores e planejamento da melhoria contínua. Os principais elementos desta seção são: medição e monitoramento, controle de produtos não conformes, análise de dados e melhorias — melhoria contínua, ações corretivas e ações preventivas.

- Satisfação dos clientes

Como uma das medições do desempenho do sistema de gestão da qualidade, a organização deve monitorar informações relativas à percepção do cliente sobre se a organização atendeu aos requisitos dele. Os métodos para obtenção e uso dessas informações devem ser determinados.

- Auditorias internas

A organização deve executar auditorias internas a intervalos planejados, para determinar se o sistema de gestão da qualidade está em conformidade com o que foi planejado, alcançando os resultados de melhoramento contínuo desejados pela organização. Um programa de auditoria deve ser planejado, levando em consideração a situação e a importância dos processos e áreas a serem auditados, bem como os resultados de auditorias anteriores. Os critérios da auditoria, escopo, frequência e métodos devem ser definidos. A seleção dos auditores e a execução das auditorias devem assegurar objetividade e imparcialidade em tais processos. Os auditores não devem auditar o seu próprio trabalho.

Como fonte de consulta para a realização de auditorias de sistemas de gestão da qualidade e ambientais, qualificação e seleção de auditores, aconselha-se utilizar a norma NBR ISO 19011 (Diretrizes para auditorias de sistemas de gestão da qualidade e/ou ambientais).

Objetivos e benefícios

O sistema de qualidade de uma empresa é composto, basicamente, de um manual da qualidade e de procedimentos que orientam como executar determinada tarefa, detalhando os processos e as responsabilidades a ela associados. A manutenção de registros que comprovem se e como determinada atividade foi executada é um fator importante para melhorar os processos. Basta, portanto, que a empresa documente o que faz, como faz e comprove a execução através de registros, que serão mais tarde usados para melhorar todo o sistema de qualidade.

Os requisitos da norma NBR ISO 9001 — Sistemas de gestão da qualidade — Requisitos (uma das normas da família ISO 9000) visam prevenir a ocorrência de não conformidades em qualquer fase do ciclo de produção de um bem ou serviço, desde o planejamento até a entrega, instalação, assistência técnica e demais atividades pós-venda.

As normas da família ISO 9000 tratam da garantia e gestão da qualidade em uma organização. A norma NBR ISO 9001, mais especificamente, serve para que as partes envolvidas em uma relação contratual tenham confiança em que os requisitos acordados serão consistentemente atingidos e em que o sistema de qualidade será continuamente aprimorado. Para tanto, o cliente potencial requer normalmente a certificação do sistema da qualidade da empresa vendedora.

As razões que costumam levar uma empresa a implementar um sistema de qualidade são: conscientização da alta direção, exigências externas e modismo. Certamente, a conscientização da alta administração é o melhor caminho para uma implementação eficaz. Nesse caso, ela participa ativamente do processo, mostrando-se comprometida com ele e envolvendo a todos. As barreiras interdepartamentais são superadas dada a existência de um projeto comum que representa uma vantagem competitiva para a empresa. Quando a organização é obrigada a implantar um sistema de qualidade por pressões externas, como exigência de um cliente, participação em licitações e entrada em novos mercados, o processo se torna mais traumático e difícil. O modismo é o pior caminho, pois o processo de implantação das normas requer constância de propósito para enfrentar as diversas dificuldades que surgirão ao longo da busca de obtenção do certificado. Além disso, o certificado deve ser renovado a períodos regulares, o que requer um constante comprometimento da alta administração.

A organização deve se preocupar também com a conscientização de todos os colaboradores, com a formação de equipes de trabalho, com a divulgação periódica dos resultados, com o desenvolvimento das pessoas da organização e com as atividades de controle e acompanhamento.

Entre os diversos benefícios proporcionados pela implantação de um sistema da qualidade com base na NBR ISO 9001, pode-se destacar:

- redução de não conformidades de bens e serviços;
- eliminação do retrabalho e do custo com garantia e reposição;
- aumento da competitividade;
- redução do custo operacional;
- maior sustentação em disputas judiciais;
- melhoria de imagem e reputação;
- aumento da participação no mercado nacional e em mercados internacionais;
- melhor relacionamento técnico e comercial com o cliente;
- maior integração entre os processos e departamentos da empresa;
- melhor desempenho organizacional pela promoção do treinamento, da qualificação e da certificação do pessoal.

O cliente e a sociedade também obtêm benefícios, entre os quais se destacam:

- melhor relacionamento técnico e comercial com o fornecedor;
- aumento da segurança, da confiabilidade e da disponibilidade dos bens ou serviços adquiridos;
- mais proteção para o consumidor;
- menor desperdício e poluição;
- promoção do incremento no desenvolvimento tecnológico da empresa.

Um grande benefício da NBR ISO 9001 é sua compatibilidade com a NBR ISO 9004, conforme demonstrado a seguir.

Modelo de gestão — NBR ISO 9004

A NBR ISO 9001 forma com a NBR ISO 9004 um par coerente de normas de sistema de gestão da qualidade, tendo sido elaboradas para se complementarem. Se a organização desejar, pode utilizar essas normas independentemente. A NBR ISO 9001 especifica os requisitos de um sistema de gestão da qualidade que podem ser utilizados na certificação da organização e em situações contratuais. Está focada na eficácia do sistema de gestão da qualidade para atender aos requisitos dos clientes.

As estruturas dessas normas facilitam sua aplicação como um par coerente. Quando a norma NBR ISO 9004 é combinada com a NBR ISO 9001, os objetivos de satisfação do cliente e qualidade do produto são ampliados para considerar a satisfação das partes interessadas (clientes, acionistas, colaboradores, fornecedores e sociedade) e o desempenho da organização.

A NBR ISO 9004 fornece orientação para um sistema de gestão da qualidade com objetivos mais amplos, principalmente em relação à melhoria contínua do desempenho global de uma organização e sua efetividade. Também é recomendada para servir de orientação a organizações cuja alta administração deseje ir além dos requisitos estabelecidos na NBR ISO 9001. Mas não tem propósitos de certificação ou finalidade contratual; apenas apresenta o caminho indicado pela ISO para a gestão da qualidade total. Esse caminho normalmente inclui preocupações com saúde, segurança e meio ambiente, formando o que se chama de um sistema integrado de gestão.

Sistemas integrados de gestão

Existe a tendência de se aproveitarem as oportunidades de integração dos sistemas de gestão da qualidade com outros sistemas de gestão eventualmente adotados nas empresas. Apesar de a norma abordar apenas a compatibilidade com as normas de gestão ambiental da família ISO 14000 — as únicas normas internacionais de gestão, além da família ISO 9000, no âmbito da ISO —, recomenda-se a integração com as demais normas de sistemas de gestão, notadamente com as normas de gestão de saúde e segurança ocupacional (BS 8800 e OHSAS 18001), International Safety Management Code (ISM Code) e de gestão financeira e de risco, como a lei americana Sarbanes-Oxley (SOX), lançada em julho de 2002, em resposta aos escândalos contábeis, trazendo mais controles e formalizações, prometendo um aumento da transparência e melhorando a governança corporativa.

A norma NBR ISO 14001:2004 — Sistemas de gestão ambiental — Requisitos com orientações para uso — é abordada no âmbito da ABNT/CB-38 (Comitê Brasileiro de Gestão Ambiental, criado em 1999), que sucedeu o antigo ABNT/Gana (Comitê de Apoio à Normalização e à Gestão Ambiental, criado em 1995) e tem como principal diretriz a participação de todos os membros da organização na proteção ambiental, envolvendo todas as partes interessadas. Utiliza procedimentos para identificar todos os impactos ambientais e pode ser aplicada por qualquer tipo de organização, industrial ou de serviço, de qualquer porte e de qualquer ramo de atividade. Seu foco é na ação e no pensamento proativo, e não em reação a comandos e em políticas de controle do passado. É uma norma de sistema e reforça a melhoria da proteção ambiental pelo uso de um único sistema de gerenciamento, que deve permear todas as funções da organização.

A norma ISO 14001 preocupa-se com as questões ambientais da organização e sua sustentabilidade. A organização deve descrever e documentar seu sistema de gestão ambiental (SGA), incluindo os objetivos mensuráveis coerentes com sua política ambiental.

O planejamento do SGA da organização deve considerar:

- os aspectos ambientais;
- os requisitos legais e pertinentes;
- os objetivos, metas e programas.

A implementação e a operação se realizam por meio:

- dos recursos, funções, responsabilidades e autoridades;
- da competência, do treinamento e da conscientização;
- da comunicação;
- da documentação;
- do controle de documentos;
- do controle operacional;
- da preparação e resposta a emergências;
- da verificação.

O monitoramento e medição se realizam por intermédio:

- da avaliação do atendimento a requisitos legais e pertinentes;
- das não conformidades, ação corretiva e ação preventiva;
- do controle de registros;
- da auditoria interna;
- da avaliação pela administração.

A gestão ambiental busca transformar problemas em oportunidades, por meio da medição constante utilizando indicadores ambientais. Procura, ainda, promover o manejo adequado e não prejudicial de resíduos e alcançar uma economia de recursos substancial.

A norma BS 8800 (*British standard*) — Guia para sistemas de gestão de saúde e segurança ocupacional — é uma norma britânica, não certificável e não reconhecida internacionalmente, apesar de amplamente adotada. Foi elaborada sob a direção do Health and Environmental Sector Board, no âmbito do Technical Committee HS/1 — Occupational Health and Safety Management (Comitê Técnico HS/1 — Gestão de Segurança e Saúde Ocupacional). É compatível com as normas britânicas e com as normas das famílias ISO 9000 e ISO 14000. Os principais objetivos da BS 8800 são minimizar os riscos para os colaboradores e outras pessoas envolvidas e auxiliar as organizações a estabelecerem uma imagem responsável no mercado em que atuam.

As organizações também utilizam a Occupational Health and Safety Assessment Series (OHSAS 18001:2000 — Série de Avaliação da Segurança e Saúde no Trabalho) para a construção de sistemas integrados de gestão. Essa norma fornece os requisitos básicos para sistemas de gestão de segurança e saúde ocupacional, ajudando as empresas a controlarem cada vez melhor riscos de acidentes e doenças ocupacionais. É uma norma certificável e reconhecida internacionalmente. Tem como objetivos uma maior preservação da saúde, da segurança e da qualidade de vida do empregado em seu local de trabalho. Ao preservar ainda mais a saúde do colaborador e ao controlar riscos, a empresa garante a estabilidade operacional, melhora sua imagem institucional, reduz custos e aumenta a produtividade, tendo como consequência a abertura de novos mercados. Implementa-se essa norma seguindo as diretrizes contidas na OHSAS 18002 — Diretrizes para Implantação da OHSAS 18001.

Os sistemas integrados de gestão, que contemplam as várias normas, representam a otimização do tempo e dos custos mediante uma gestão sistêmica.

5

Padronização e melhoria

A padronização é de fundamental importância para as organizações. Um dos maiores sucessos da produção em massa, caracterizada pelo desenvolvimento da linha de montagem da Ford e pela administração científica da produção, foi a padronização de peças e componentes. A passagem da produção artesanal para a produção em massa só foi possível devido ao desenvolvimento de sistemas e padrões que tornaram as peças e componentes intercambiáveis, podendo ser utilizadas em processos seriados. Hoje, pode-se adquirir uma máquina fotográfica, por exemplo, viajar para qualquer lugar do mundo e encontrar processos de revelação e filmes adequados às características técnicas do produto adquirido. O mesmo ocorre com os padrões de telecomunicações, sistemas de vídeo, combustíveis, pilhas e muito mais.

Mas não basta padronizar processos, métodos, peças e componentes. É preciso melhorá-los continuamente. A gestão da qualidade inclui um sistema de gestão composto por princípios, técnicas, métodos e ferramentas.

A promoção da padronização e da melhoria de processos, bens e serviços se dá através da participação e do comprometimento de todos os colaboradores. Estes devem estar imbuídos de uma filosofia de melhoramento contínuo, normalmente representada pelo ciclo PDCA e seus desdobramentos, para que sejam alcançadas a satisfação e a superação das expectativas de todas as partes envolvidas: clientes, acionistas, fornecedores, sociedade e colaboradores.

A adoção de um sistema de gestão implica, normalmente, a padronização dos métodos e práticas de uma organização. Um bom caminho para se iniciar a padronização de uma empresa pode ser a implementação das normas ISO 9000, seja através dos requisitos da norma NBR ISO 9001 ou das diretrizes da ISO 9004, que contêm uma série de tópicos que exigem a padronização das operações críticas da organização.

A ISO 9000 não é a única forma de se buscar a padronização, embora seja uma das melhores, pois reflete o consenso da maioria dos países do mundo. Existem outros caminhos para se buscar a padronização de processos, como normas específicas para as áreas de telecomunicações e automobilística, entre outras. Seja qual for o caminho adotado, a padronização é importante para a empresa, pois permite, entre outros objetivos, demonstrar para os clientes, por meio de evidências objetivas (documentos e registros), que os requisitos contratuais especificados entre ambos podem ser plena e permanentemente alcançados.

A padronização também é importante para permitir a análise crítica e a consequente melhoria dos procedimentos e métodos da empresa, pois propicia uma perspectiva concreta do que analisar e melhorar.

A seguir será apresentada a trilogia Juran, que contempla, de certa forma, a importância da padronização e da melhoria.

Trilogia Juran

Segundo Juran, o gerenciamento da qualidade pode ser obtido utilizando-se os três processos gerenciais conhecidos como a trilogia Juran: planejamento, controle e melhoria.

Planejamento da qualidade é o processo de preparação para obtenção dos objetivos. É um conjunto de atividades que visam desenvolver os produtos e processos necessários para atender às necessidades dos clientes. Envolve as seguintes etapas:

- identificar os clientes;
- determinar as necessidades dos clientes;
- definir as características dos produtos que respondem às necessidades dos clientes;
- elaborar processos capazes de reproduzir essas características;
- capacitar os colaboradores à implementação do plano.

Controle da qualidade é o processo para assegurar o cumprimento dos objetivos definidos no planejamento, durante as operações. Consiste nos seguintes passos:

- avaliar o desempenho;
- comparar, com as metas, o desempenho obtido;
- atuar a partir das diferenças.

Melhoria da qualidade é o processo para produzir com níveis superiores e inéditos de execução. Visa elevar os resultados a novos níveis de desempenho, seja ele incremental (melhoria contínua) ou inovador (melhoria radical). Envolve as seguintes etapas:

- estabelecer a infraestrutura necessária para assegurar uma constante melhoria;

- identificar as necessidades específicas para a criação de projetos de melhoria;
- criar para cada projeto uma equipe com a responsabilidade de torná-lo bem-sucedido;
- fornecer os recursos e treinamentos necessários às equipes para diagnosticar as causas, estimular o estabelecimento de uma solução e implementar controles para manter os resultados.

Os três processos da trilogia Juran estão inter-relacionados como mostra a figura 3.

Figura 3

DIAGRAMA DA TRILOGIA JURAN

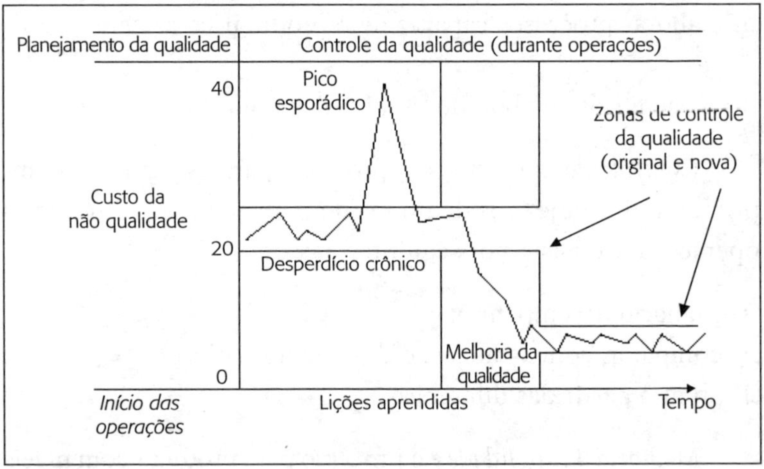

O diagrama da trilogia Juran é um gráfico com as variáveis "tempo" no eixo horizontal e "custo da não qualidade" (deficiências da qualidade) no eixo vertical. A atividade inicial é o planejamento da qualidade. Determina-se quem são os clientes e quais as suas necessidades. Em seguida, são desenvolvidos os projetos de produto e processo associados capazes de atender a essas necessidades. Finalmente, os colaboradores são capacitados a implementar os planos.

A tarefa dos colaboradores é operar os processos e produzir. À medida que as operações prosseguem, logo se percebe que o processo não é capaz de atingir todas as metas planejadas. A figura 3 mostra que 20% do trabalho devem ser refeitos como resultado da não qualidade. Esse desperdício torna-se, então, crônico, porque o processo planejado apresenta, intrinsecamente, deficiências.

Com os padrões estabelecidos, os colaboradores são incapazes de se livrar desse desperdício intrínseco. O que eles fazem, alternativamente, é executar o controle da qualidade, para prevenir que as coisas piorem. O controle inclui a extinção da dispersão (picos esporádicos) e a diminuição da variabilidade.

A figura 3 também mostra que, com o tempo, o desperdício é reduzido a um nível muito abaixo do valor original. Esse ganho é conseguido pelo terceiro processo da trilogia, o da melhoria da qualidade. Percebe-se que o desperdício é também uma oportunidade de melhoria.

A trilogia relaciona-se às deficiências de processo. A escala vertical pode apresentar, por exemplo, unidades de medida como custo da não qualidade, frequência de erros, percentagem de defeitos e frequência de chamadas da assistência técnica. Nessa mesma escala, a perfeição seria o zero; quando os números sobem, significa que a situação piora. O resultado de reduzir as deficiências dos processos é a redução do custo da não qualidade.

Outra forma de entender o conceito e a importância da padronização e da melhoria é através da aplicação do ciclo PDCA.

Ciclo PDCA

A filosofia do melhoramento contínuo (*kaizen*) possui como sua mais conhecida representação o ciclo PDCA, também conhecido como ciclo de Shewhart, seu idealizador, ou como ciclo de Deming, o responsável por seu desenvolvimento e reconhecimento.

O ciclo PDCA é um método gerencial para a promoção da melhoria contínua e reflete, em suas quatro fases, a base da filosofia do melhoramento contínuo. Praticando-as de forma cíclica e ininterrupta, acaba-se por promover a melhoria contínua e sistemática na organização, consolidando a padronização de práticas. As quatro fases são mostradas na figura 4 e explicadas a seguir.

Figura 4
Ciclo PDCA

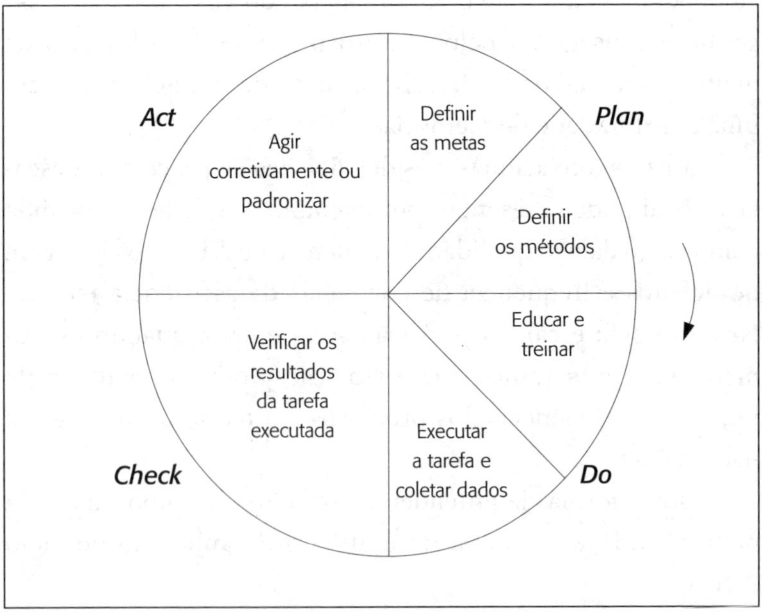

1ª Fase — *Plan* (planejamento). Deve-se estabelecer os objetivos e metas, para que sejam desenvolvidos métodos, procedimentos e padrões para alcançá-los. Normalmente, as metas são desdobradas do planejamento estratégico e representam requisitos do cliente ou parâmetros e características de produtos, serviços ou processos. Os métodos contemplam os procedimentos e as orientações técnicas necessárias para se atingirem as metas.

2ª Fase — *Do* (execução). Esta é a fase de implementação do planejamento. É preciso fornecer educação e treinamento para a execução dos métodos desenvolvidos na fase de planejamento. Ao longo da execução devem-se coletar os dados que serão utilizados na fase de verificação. Quando o pessoal envolvido na execução vem participando desde a fase de planejamento, o treinamento, em geral, deixa de ser necessário.

3ª Fase — *Check* (verificação). É quando se verifica se o planejado foi consistentemente alcançado através da comparação entre as metas desejadas e os resultados obtidos. Normalmente usam-se, para isso, ferramentas de controle e acompanhamento, como cartas de controle, histogramas, folhas de verificação, entre outras. É importante ressaltar que essa comparação deve ser baseada em fatos e dados, e não em opiniões ou intuição.

4ª Fase — *Act* (agir corretivamente). Nessa fase têm-se duas alternativas. A primeira consiste em buscar as causas fundamentais a fim de prevenir a repetição dos efeitos indesejados, no caso de não terem sido alcançadas as metas planejadas. A segunda, em adotar como padrão o planejado na primeira fase, já que as metas planejadas foram alcançadas.

Girar o ciclo PDCA significa obter previsibilidade nos processos e aumento da competitividade organizacional. A previsibilidade acontece pela obediência aos padrões, pois, quando a melhoria é bem-sucedida, adota-se o método planejado, padronizando-o; caso contrário, volta-se ao padrão anterior e recomeça-se a girar o PDCA.

Alguns autores adaptam a terminologia ciclo PDCA para ciclo SDCA, quando o P (planejamento) é substituído pelo S (*standard*), para refletir as atividades que foram planejadas e padronizadas.

A figura 5 apresenta os papéis da padronização, da melhoria contínua e da melhoria radical ao longo do tempo, garantindo para a organização a previsibilidade e a competitividade.

Figura 5

MANUTENÇÃO E MELHORIA

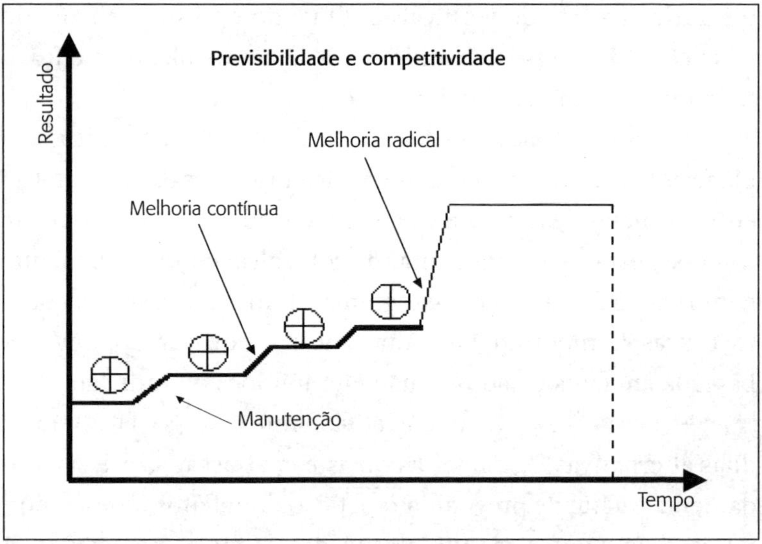

Segundo Deming, não basta girar o PDCA com constância de propósito; também é preciso ser coerente. É importante que as pessoas trabalhem juntas, com uma compreensão mútua dos 14 pontos e de como colocá-los em prática. Caso contrário, seguirão diversas direções, bem-intencionadas, porém mal-orientadas, enfraquecendo seus esforços e, às vezes, trabalhando para fins conflitantes.

Para implantar a prática da melhoria contínua, assim como criar uma cultura de padronização por toda a empresa, a alta administração tem que estar insatisfeita com o desempenho passado e precisa ter coragem para mudar. Tem que estar ansiosa para alterar seu estilo de administração. É essencial que se desenvolva essa massa crítica. Os colaboradores não podem agir sozinhos; a direção também não.

Alguns autores associam a aplicação do ciclo PDCA ao gerenciamento da rotina e da melhoria dos processos organizacionais.

Gerenciamento da melhoria e gerenciamento da rotina

Pode-se dividir a aplicação do conceito de melhoramento contínuo em duas partes: o gerenciamento da melhoria e o gerenciamento da rotina.

O gerenciamento da melhoria é de responsabilidade da alta administração e tem como objetivos a sobrevivência e o crescimento do negócio, situando-se no nível estratégico. Busca a eficácia organizacional. A ideia básica é propiciar apoio para o cumprimento das políticas, buscando novas práticas em detrimento das antigas. É um método para atingir os objetivos e metas definidos pela alta administração através do desdobramento das metas nos diversos níveis da empresa. Essas metas precisam originar-se de um forte conhecimento das necessidades dos clientes, dos segmentos de mercado e das novas tecnologias aplicadas ao negócio. O uso do método de *benchmarking*, a ser visto oportunamente neste livro, é muito empregado para determinar as metas a serem perseguidas com base nos referenciais de excelência.

O gerenciamento da rotina é um método de gestão de responsabilidade dos colaboradores e busca a eficiência organizacional, através da obediência aos padrões de trabalho, para evitar alterações ou mudanças que possam comprometer os níveis de qualidade estabelecidos. Para tanto, é preciso educar e treinar todos os colaboradores. O gerenciamento da rotina busca o atendimento dos objetivos determinados para cada processo e preconiza a utilização do ciclo PDCA para promover a melhoria contínua a partir dos objetivos delineados pelo gerenciamento da melhoria, de nível estratégico.

Costuma-se também encontrar na literatura uma particularidade da aplicação do PDCA: sua utilização no tratamento e na resolução de problemas.

Ciclo PDCA na análise de problemas

Uma das aplicações mais usuais do ciclo PDCA é utilizá-lo na análise e na solução de problemas, permitindo a realização do controle da qualidade em toda a empresa. É preciso que esse método gerencial seja dominado por todos na organização, já que promove o tratamento adequado de problemas, a padronização da melhoria contínua e o desenvolvimento de oportunidades.

O ciclo PDCA pode ser desdobrado em etapas ou passos, sendo normalmente conhecido como *método de análise e solução de problemas* (Masp). Mas encontram-se na literatura e no mercado diversas outras denominações cujos passos sugeridos se assemelham, como *método de análise e melhoria de processos* (Mamp) e *quality circle story* (*QC story*). Esses métodos, estruturados e sistemáticos, são utilizados pelas equipes para a resolução de problemas.

Problema é o efeito indesejado de um processo; é um resultado com o qual não se está satisfeito. Sendo a meta o resultado desejado de um processo, problema é uma meta que não foi alcançada. É importante separar efeito de causa, pois, para um mesmo problema (efeito), pode-se ter uma série de causas, que uma vez eliminadas ou controladas farão com que o problema seja solucionado ou fique sob controle.

Ao utilizar o desdobramento do ciclo PDCA na análise de problemas, a equipe de melhoria passa a seguir uma metodologia estruturada que permite evitar que sejam tomadas decisões precipitadas acerca do problema, propiciando o seu claro entendimento, permitindo optar pelo caminho mais rápido e de melhor custo-benefício, esgotando todas as possíveis soluções.

Os passos a seguir representam uma sugestão de desdobramento do ciclo PDCA.

Passo 1 — Identificação do problema

- Selecionar o problema a solucionar, priorizando os temas existentes.
- Levantar as perdas atuais e as possibilidades de ganhos.
- Nomear os responsáveis e a equipe, propondo data-limite para sua conclusão.

Passo 2 — Observação

- Entender o problema, levantando seu histórico e a frequência de ocorrência.
- Observar as características no local, como ambiente, instrumentos, confiabilidade dos padrões, treinamento, entre outras.

Passo 3 — Análise

- Identificar e selecionar as causas mais prováveis do problema.

Passo 4 — Plano de ação

- Elaborar a estratégia de ação.
- Elaborar o plano de ação.

Passo 5 — Ação

- Divulgar o plano de ação.
- Treinar e capacitar as pessoas, buscando o comprometimento de todos.
- Executar e acompanhar a ação, registrando os resultados.
- Coletar dados.

Passo 6 — Verificação

- Comparar os resultados com as metas esperadas; verificar a continuidade ou não do problema. Se os resultados esperados não forem alcançados, voltar ao passo 2.
- Listar os eventuais efeitos secundários.

Passo 7 — Padronização

- Elaborar ou alterar o padrão.
- Comunicar internamente as alterações.
- Educar e treinar todos os envolvidos no novo padrão.

Passo 8 — Conclusão

- Registrar os avanços obtidos pelo grupo.
- Relacionar os problemas remanescentes.
- Planejar a solução dos problemas remanescentes, voltando a executar o ciclo PDCA.
- Refletir sobre o trabalho, visando a melhoria futura.

Ao longo dos passos desta metodologia utilizam-se várias ferramentas, como: diagrama de causa e efeito, lista de verificação, estratificação, diagrama de Pareto, *brainstorming*, diagrama de dispersão, entre outras. O uso dessas ferramentas não garante, por si só, a resolução dos problemas; garante apenas seu entendimento. É preciso também que todos os colaboradores estejam comprometidos com a filosofia do melhoramento contínuo e conheçam profundamente o processo, o bem ou o serviço a ser melhorado. As pessoas precisam ter capacidade de saber quando, por que e como utilizá-las, separadamente ou combinadas.

Um aspecto muito importante sobre as ferramentas normalmente utilizadas é sua simplicidade, que propicia fácil entendimento e aplicação, permitindo a participação de todos na solução do problema, e gerando, em consequência, o comprometimento de toda a equipe, através da responsabilidade pelas soluções implementadas. No entanto, algumas ferramentas são de base fortemente estatística, exigindo uma capacitação maior para serem utilizadas.

Vale frisar que o comprometimento das pessoas com a melhoria do processo, do bem ou do serviço decorre principalmente da participação na análise e solução de problemas e na implantação de melhorias contínuas no dia a dia da organização.

O uso sistemático do método na análise de problemas, na manutenção e na melhoria dos resultados é uma forma concreta de demonstrar e obter o comprometimento das pessoas no tão almejado crescimento da organização.

6 Ferramentas de gerenciamento

As ferramentas utilizadas nos processos de gestão foram sendo estruturadas, principalmente a partir de 1950, com base em conceitos e práticas existentes.

Como se viu, o PDCA é um método que tem por objetivo a manutenção e a melhoria dos processos. Em cada etapa de sua aplicação são utilizadas diversas ferramentas. A literatura arrola dezenas delas, para as mais diversas finalidades e com variadas nomenclaturas.

Entre especialistas e usuários surgiram classificações sobre a forma de agrupar e utilizar algumas dessas ferramentas, como, por exemplo, ferramentas de controle ou de planejamento. Outras, utilizadas com menos frequência, ou mais aplicáveis a determinados contextos, fazem parte do acervo característico, mas não recebem classificações específicas.

A seguir, as ferramentas mais usuais, com descrições sucintas e alguns exemplos ilustrativos.

Brainstorming e variações

O *brainstorming* (tempestade de ideias) é um processo de grupo em que os indivíduos emitem ideias de forma livre, sem críticas, no menor espaço de tempo possível.

Os grupos devem ter entre cinco e 12 pessoas e é recomendável que a participação seja voluntária, com regras claras e por prazo determinado. Devem-se utilizar facilitadores, adequadamente treinados para lidar com os grupos.

O propósito do *brainstorming* é lançar e detalhar ideias com um certo enfoque, originais e em uma atmosfera sem inibições. Busca-se a diversidade de opiniões a partir de um processo de criatividade grupal. Adicionalmente, é uma ferramenta que contribui para o desenvolvimento de equipes.

O *brainstorming* apresenta as seguintes características:

- capacidade de autoexpressão, livre de inibições ou preconceitos da própria pessoa ou de qualquer outra do grupo;
- liberação da criatividade;
- capacidade de aceitar e conviver com diferenças conceituais e multidisciplinares;
- ausência de julgamento prévio;
- registro das ideias;
- capacidade de síntese;
- delimitação de tempo;
- ausência de hierarquia durante o processo.

Sucintamente, pode-se dizer que há três fases típicas no *brainstorming*:

- clareza e objetividade na apresentação do assunto, problema ou situação;
- geração e documentação das ideias;
- análise e seleção.

O *brainwriting*, também conhecido como *brainstorming* fechado, é uma variação do *brainstorming*, com a seguinte diferença básica: as opiniões e ideias são apresentadas por escrito. Não há exposição oral na fase de geração e de documentação das ideias, o que reduz o risco de ocorrência de críticas e inibições. As fases se assemelham às do *brainstorming*.

Cartas de controle

Carta de controle é um tipo específico de gráfico de controle que serve para acompanhar a variabilidade de um processo, identificando suas causas comuns (intrínsecas ao processo) e especiais (aleatórias).

As causas comuns estão relacionadas ao funcionamento do próprio sistema (por exemplo, projeto e equipamentos), enquanto as causas especiais refletem ocorrências fora dos limites de controle (por exemplo, falha humana, queda de energia e matéria-prima não conforme).

Figura 6

CARTA DE CONTROLE

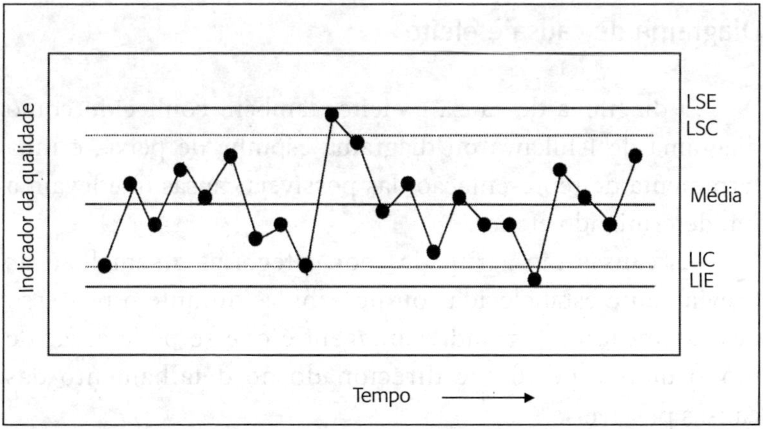

Para a construção da carta de controle deve-se calcular estatisticamente o limite superior de controle (LSC), o limite inferior de controle (LIC) e a média (M) de um processo. Os dados do processo, dentro desses limites, caracterizarão, na maior parte das vezes, que o mesmo está estatisticamente sob controle (estável) e que as flutuações são consistentes e inerentes ao processo.

Por outro lado, dados fora desses limites caracterizam ocorrências indesejáveis (causas especiais), merecendo, consequentemente, análise pormenorizada.

De modo geral, causas comuns devem ser tratadas via ação gerencial, enquanto as especiais devem ser tratadas pelos próprios operadores.

Note que os limites de controle observados não significam, necessariamente, que o bem ou serviço em elaboração atenda às expectativas planejadas. Significa apenas que o processo é consistente, mesmo que seja consistentemente ruim.

Para que o processo seja considerado consistentemente bom deve atender não só aos limites de controle comentados, como também aos limites de especificação — inferior e superior (LIE e LSE), respectivamente. Esses limites são obtidos a partir das necessidades do cliente, traduzidas no projeto do processo.

Diagrama de causa e efeito

O diagrama de causa e efeito, também conhecido como diagrama de Ishikawa ou diagrama espinha de peixe, é uma ferramenta de representação das possíveis causas que levam a um determinado efeito.

As causas são agrupadas por categorias e semelhanças previamente estabelecidas ou percebidas durante o processo de classificação. A grande vantagem é que se pode atuar de modo mais específico e direcionado no detalhamento das causas possíveis.

Em linhas gerais, são as seguintes as etapas de elaboração do diagrama de causa e efeito:

- discussão do assunto a ser analisado pelo grupo, contemplando seu processo, como ocorre, onde ocorre, áreas envolvidas e escopo;
- descrição do efeito (problema ou condição específica) no lado direito do diagrama;
- levantamento das possíveis causas e seu agrupamento por categorias no diagrama;
- análise do diagrama elaborado e coleta de dados para determinar a frequência de ocorrência das diferentes causas.

A seguir, um exemplo de aplicação dessa ferramenta.

Figura 7

DIAGRAMA DE CAUSA E EFEITO

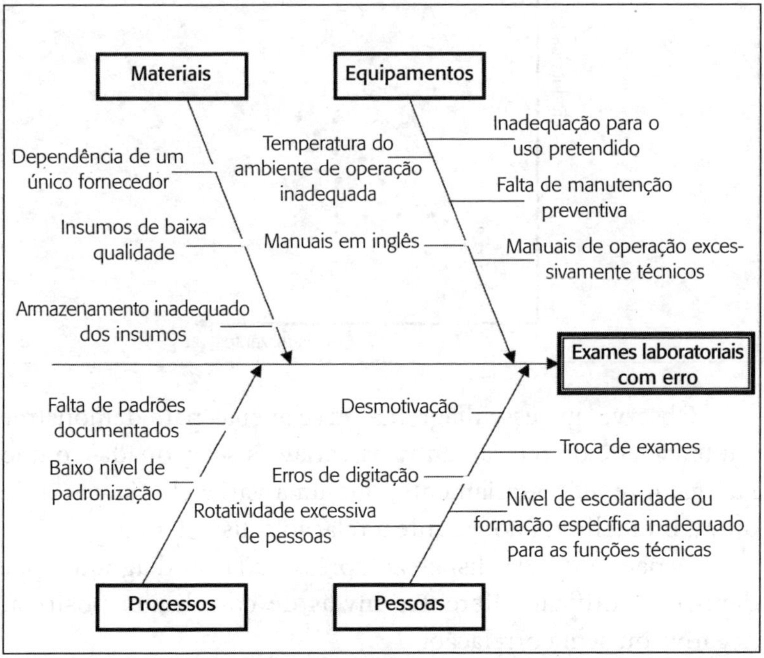

Dependendo da complexidade do diagrama, pode-se desdobrar algumas causas em um novo diagrama de causa e efeito, mais aprofundado e detalhado, a fim de permitir uma abordagem mais minuciosa.

Diagrama de dispersão

O diagrama de dispersão ajuda a visualizar a alteração sofrida por uma variável quando outra se modifica. Um bom exemplo é o impacto do incremento de fertilizantes sobre a produtividade (quantidade colhida por hectare plantado), conforme a figura 8. À medida que se aumenta a quantidade de fertilizante, aumenta-se o nível de produtividade.

Figura 8

DIAGRAMA DE DISPERSÃO

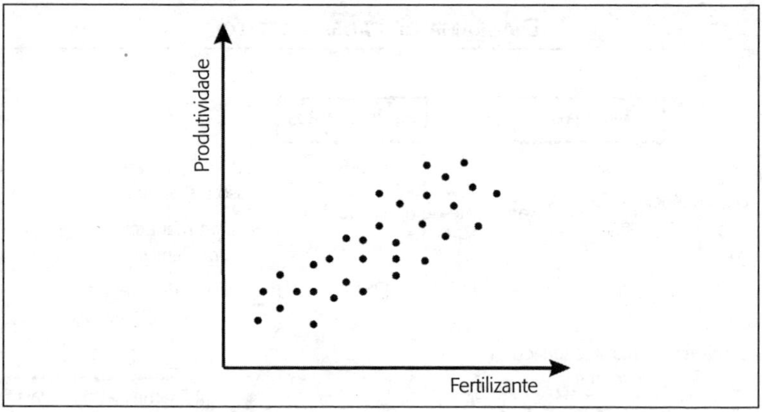

Observe que esse diagrama serve apenas para demonstrar a intensidade da relação entre as variáveis selecionadas, o que não garante, necessariamente, que uma variável seja causa de outra, ou melhor, não garante a relação causa-efeito.

Dependendo da dispersão apresentada no diagrama, podem-se identificar diferentes níveis de correlação: positiva, negativa ou sem correlação.

Estratificação

A estratificação consiste no desdobramento de dados, a partir de um levantamento ocorrido, em categorias, grupos ou, melhor dizendo, estratos, para determinar sua composição.

O objetivo do seu uso é auxiliar na análise e na pesquisa para o desenvolvimento de oportunidades de melhoria, na medida em que possibilita a visualização da composição real dos dados por seus estratos.

Por exemplo, pode-se imaginar como informação global o número de acidentes em uma indústria. Essa informação não ajuda a compreender o problema. Quando o total de ocorrências é estratificado por departamento, por turno, por dia da semana, por tipo, por categoria, entre outras classificações (estratos), porém, fornece valiosas informações sobre onde, efetivamente, ocorre o problema para que este seja, então, tratado de forma sistemática. Vejamos a figura 9.

Figura 9
ESTRATIFICAÇÃO

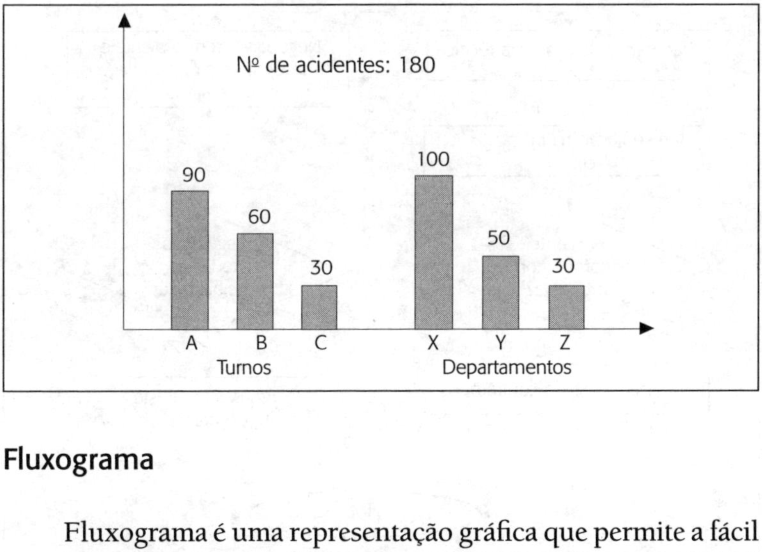

Fluxograma

Fluxograma é uma representação gráfica que permite a fácil visualização dos passos de um processo. Apresenta a sequência lógica e de encadeamento de atividades e decisões, de modo a se obter uma visão integrada do fluxo de um processo técnico, administrativo ou gerencial, o que permite a realização de análise crítica para detecção de falhas e de oportunidades de melhorias.

O fluxograma utiliza símbolos padronizados, que facilitam a representação dos processos. A figura 10 apresenta um exemplo de utilização.

Figura 10
FLUXOGRAMA

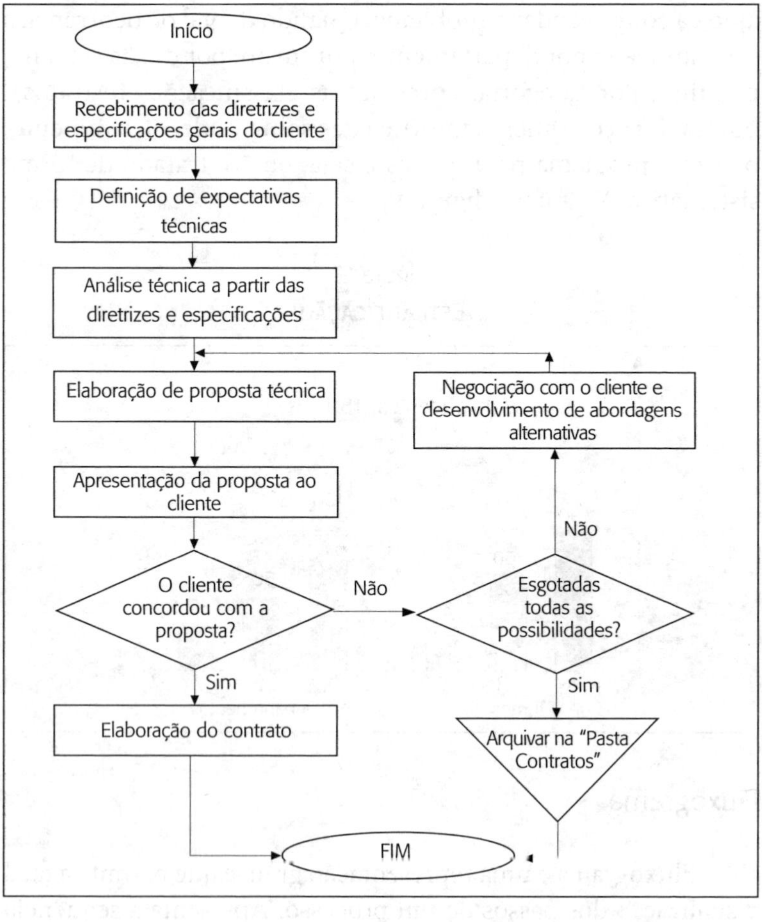

Folha de verificação

A folha de verificação é uma ferramenta usada para quantificar a frequência com que certos eventos ocorrem, num certo período de tempo.

A figura 11 ilustra a aplicação dessa ferramenta no levantamento da frequência de reclamações de hóspedes em uma rede de hotéis, durante um mês.

Figura 11

FOLHA DE VERIFICAÇÃO

Categoria das reclamações	Mês: abril	Total
1. *Check in* e *check out*	𝍸 𝍸	10
2. Limpeza não realizada	𝍸	5
3. Demora na entrega de refeições	𝍸 𝍸 𝍸	15
4. Defeitos na TV ou no ar-condicionado	|||	3
5. Problemas com o chuveiro	𝍸 |	6
6. Defeitos no sistema telefônico	𝍸 ||||	9
7. Falta de toalhas ou cobertas	𝍸 𝍸	10
8. Outras categorias	𝍸 𝍸 𝍸 𝍸	20
Total		**78**

A folha de verificação pode ser analisada horizontalmente, como ocorre normalmente, e também verticalmente, quando se deseja analisar o impacto do período de tempo considerado. No entanto, a folha de verificação não considera pesos ou ainda níveis de importância relativa entre os eventos, o que pode ser fundamental para uma análise mais apurada.

Gráfico de Pareto

É um gráfico de barras, construído a partir de um processo de coleta de dados (em geral, uma folha de verificação), e pode ser utilizado quando se deseja priorizar problemas ou causas relativas a um determinado assunto.

A ideia básica surgiu a partir do princípio de Pareto (Vilfredo Pareto, economista italiano do século XIX) que foi desenvolvido com base no estudo sobre desigualdade na distribuição de riquezas, cuja conclusão era de que 20% da população (poucos e vitais) detinham 80% da riqueza, enquanto o restante da população (muitos e triviais) detinha apenas 20%. Essa relação é também conhecida como a regra dos 80/20.

Figura 12

GRÁFICO DE PARETO

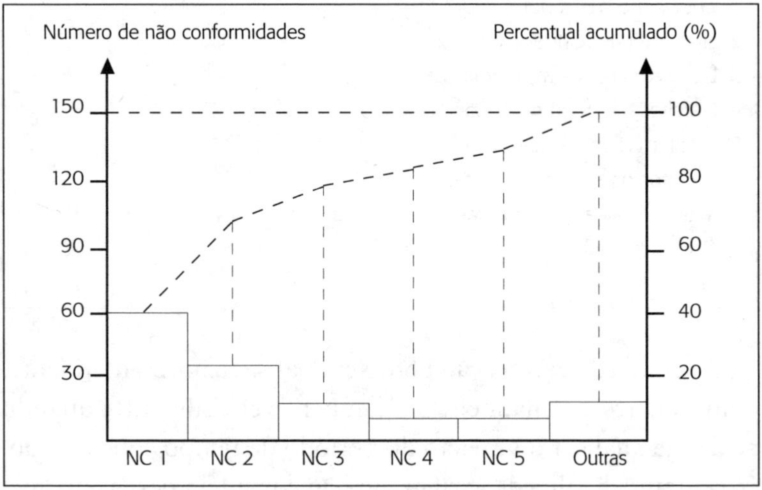

Histograma

O histograma é um gráfico de barras que mostra a distribuição de dados por categorias.

Enquanto os gráficos de controle mostram o comportamento de uma variável ao longo do tempo, o histograma fornece uma fotografia da variável num determinado instante. Representa uma distribuição de frequência. As frequências são agrupadas estatisticamente na forma de classes, nas quais se observa a tendência central dos valores e sua variabilidade.

O histograma apresentado a seguir obedece a uma distribuição normal, apresentando a forma conhecida como "curva do sino", também chamada de "curva de Gauss", conforme mostra a figura 13.

Figura 13

HISTOGRAMA

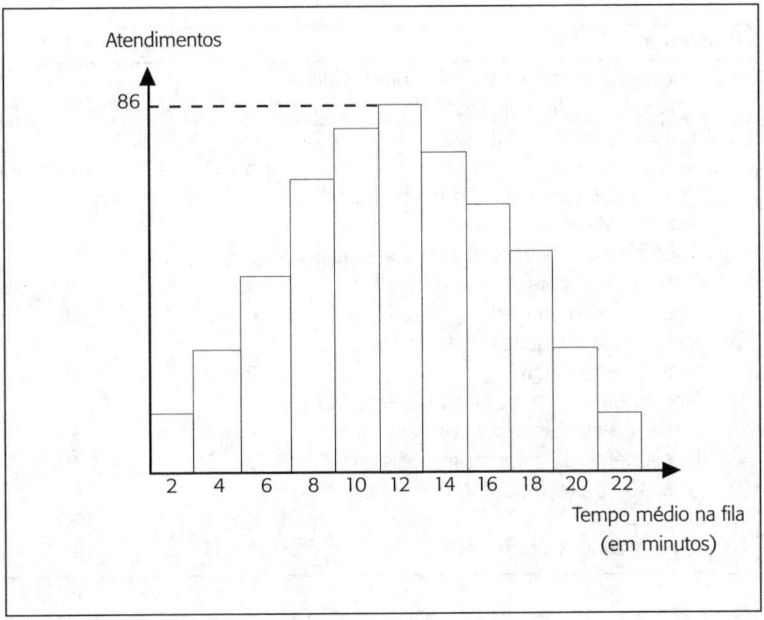

Matriz GUT

Matriz GUT é a representação de problemas, ou riscos potenciais, através de quantificações que buscam estabelecer prioridades para abordá-los, visando minimizar os impactos.

A matriz GUT é em geral utilizada na priorização de problemas e na análise de riscos. Os problemas são arrolados, conforme mostra a tabela 2, e analisados sob os aspectos de gravidade (G), urgência (U) e tendência (T). Usualmente, atribui-se um número inteiro entre 1 e 5 a cada uma das dimensões (G, U e T), correspondendo o 5 à maior intensidade e o 1 à menor, e multiplicam-se os valores obtidos para G, U e T a fim de se obter um valor para cada problema ou fator de risco analisado. Os problemas ou fatores de risco que obtiverem maior pontuação serão tratados prioritariamente.

Tabela 2
Matriz GUT

Problemas	G	U	T	G × U × T
1. Concepção do imóvel em não conformidade com as expectativas do mercado.	5	4	1	20
2. Demora na formação do grupo de investidores.	5	5	4	100
3. Retração dos investidores por tendências macroeconômicas.	4	3	3	36
4. Desistência de 25% dos investidores durante a execução da obra.	5	5	2	50
5. Esfriamento do mercado imobiliário.	4	3	3	36
6. Mão de obra adequada não disponível no momento requisitado.	5	5	3	75
7. Planejamento de custos inconsistente, com incorrência em gastos não orçados.	4	3	3	36
8. Planejamento de compras inconsistente.	5	3	2	30
9. Aumento do preço de insumos básicos e de acabamento.	5	5	4	100
10. Longos períodos de chuvas.	4	3	2	24

5W2H

Esta ferramenta é utilizada principalmente no mapeamento e padronização de processos, na elaboração de planos de ação e no estabelecimento de procedimentos associados a indicadores. É de cunho basicamente gerencial e busca o fácil entendimento através da definição de responsabilidades, métodos, prazos, objetivos e recursos associados.

O 5W2H representa as iniciais das palavras, em inglês, *why* (por que), *what* (o que), *where* (onde), *when* (quando), *who* (quem), *how* (como) e *how much* (quanto custa). Surgiu no mercado uma variação dessa ferramenta, que passou a se chamar 5W3H, correspondendo o terceiro H a *how many* (quantos).

5W2H

Plano de ação						
Setor: Serviços de Apoio e Logística Objetivo: Reduzir custos internos de geração de fotocópias em 30%				Responsável: João		
O QUE (*What*)	**QUEM** (*Who*)	**QUANDO** (*When*)	**ONDE** (*Where*)	**POR QUE** (*Why*)	**COMO** (*How*)	**CUSTOS** (*How much*)
Reavaliação de contratos e negociação com fornecedores	Joana	Até 15-4-X	Em nossa empresa e nos fornecedores	Há suspeitas de as cláusulas de desconto por volume não estarem compatíveis com o mercado	Comparação com outros contratos (mercado) e pesquisa junto a fornecedores alternativos	Remuneração de 100 horas de técnicos + R$ 2.000,00 em despesas diversas
Estabelecimento de maior rigor nas autorizações	Paulo	Até 10-5-X	Nos departamentos e cargos com poder de autorização	Há muitas cópias particulares e também documentos que poderiam circular por *e-mail*	Conversas com as chefias e responsáveis pela análise de fluxos de tarefas	Remuneração de 150 horas de técnicos
Centralização dos serviços	Carlos	Até 25-6-X	Na administração central	Para facilitar a implementação de controles	Realocação das máquinas e colaboradores do setor	Remuneração de 120 horas de técnicos + R$ 5.000,00 em obras e mudança

Outras ferramentas

Matriz de priorização

É uma ferramenta de priorização de ações ou objetivos baseada na utilização de critérios e pesos devidamente conhecidos.

É utilizada principalmente nos casos em que se precisa selecionar as melhores opções, quando existem dúvidas quanto à importância relativa dos critérios de decisão, ou ainda quando as opções estão fortemente relacionadas, dificultando a escolha.

Análise do campo de forças

Trata-se de uma ferramenta em que, inicialmente, levantam-se os fatores pró e contra associados a uma determinada decisão, quantificando-se a seguir esses fatores, de modo a dar subsídios à decisão.

Baseia-se no princípio de que a tomada de decisão entre as alternativas existentes sempre apresenta fatores que a impulsionam (facilitam) e fatores que a restringem (dificultam).

Os fatores que atuam no processo, ou decisão, devem ser identificados e classificados em uma das duas categorias — facilitadores ou dificultadores, naturalmente excluindo os que são neutros. A partir daí, quantificam-se os fatores, sendo possível a percepção do predomínio de categorias ou fatores específicos.

Com a realização dessa análise, além de se obter um processo mais seguro de tomada de decisões, também se pode planejar melhor as formas de implementá-las e superar as resistências e dificuldades identificadas.

Análise PDPC (program decision process chart)

A análise PDPC é uma ferramenta que, através de uma abordagem estruturada e utilizando representações em forma de diagrama e fluxograma, identifica as situações possíveis e prováveis de ocorrer num determinado processo ou projeto, o que permite o mapeamento das opções e ações a serem adotadas.

Também conhecida como "análise da carta para o programa de decisão sobre o processo", permite antecipar e desenvolver planos de contingência para evitar possíveis problemas previamente identificados durante a implementação de um plano.

Diagrama de afinidade

Trata-se de uma ferramenta que permite a associação das informações ou ações envolvidas em uma determinada análise ou plano, de forma intuitiva ou a partir de certas premissas estabelecidas, visando estruturar abordagens diferenciadas ou focadas nos agrupamentos gerados por afinidade.

É utilizada para gerar, organizar, agrupar e consolidar ideias, fatos ou informações relativos a um processo ou produto. Contribui para a formação de agrupamentos intuitivos e espontâneos gerados pelo grupo, libertando-os do processo lógico e estruturado e, consequentemente, criando condições para o surgimento de soluções criativas.

Diagrama de árvore

Diagrama de árvore é uma ferramenta que desdobra o objetivo ou a ação principal em etapas sucessivas, nas quais os detalhes ou as partes obtidas na análise asseguram uma forma de verificação e implementação estruturada.

Permite identificar de modo sistemático, com grau crescente de detalhamento, todos os meios e tarefas necessários para se atingir um determinado objetivo. Interliga as tarefas necessárias para o atingimento desse objetivo, através de sucessivos desdobramentos, estruturados e coerentes. Também é utilizado para determinar, em graus crescentes de detalhamento, as causas primárias de um problema.

Diagrama de flechas

Trata-se de uma forma de representação do fluxo de atividades ou tarefas de um projeto, através de flechas, na qual a rede obtida (ou grafo) apresenta as sequências das tarefas e suas interdependências, assim como os caminhos críticos e as folgas existentes.

É utilizado para estruturar o fluxo e a interdependência das atividades que compõem um projeto. As flechas, ou setas, representam as atividades necessárias, e para cada uma delas podem-se alocar a duração e os recursos necessários. A rede gerada permite análises diversas, usualmente pertinentes às dimensões "tempo" e "recursos envolvidos". Também é conhecido como "diagrama de rede de atividades", tendo grande semelhança com o diagrama Pert/CPM (*project evaluation and review technique/critical path method*).

Diagrama de inter-relacionamento

Diagrama de inter-relacionamento é o agrupamento sequencial das atividades identificadas como necessárias à realização de uma certa tarefa. A partir desse agrupamento tem-se o fluxo das atividades e sua ordenação e priorização.

O diagrama mostra as conexões existentes no processo ou problema sob análise, assim como o possível sequenciamento. Faz lembrar o fluxograma, mas não apresenta seu nível de detalhamento e suas opções lógicas. Basicamente, é o fluxo de atividades e possíveis associações, sendo uma ferramenta muito efetiva no mapeamento inicial de processos, de modo a se obter sua natureza e possíveis desdobramentos.

Diagrama de matriz

Trata-se de uma representação das associações ou relações existentes ou potenciais entre conjuntos de variáveis, indicando, por meio de símbolos, correlações e intensidades possíveis. Usualmente, relaciona dois ou três conjuntos de variáveis, em forma matricial.

Estabelece uma relação entre grupos de dados, cada qual com suas próprias características, por meio da associação matricial e do estabelecimento de fatores de correlação entre eles, quantificando, de certa forma, a interdependência existente.

A matriz de relações poderá ser facilmente observada na etapa de elaboração da "Casa da Qualidade", durante a utilização do método *desdobramento da função qualidade* (QFD), que será examinado mais a fundo no capítulo 7.

Técnica do grupo nominal

É uma ferramenta para classificar e ordenar ações, atividades ou ideias, de modo a reduzir o conjunto de opções, focando-se então naquelas que são essenciais, segundo a percepção do grupo.

Essa ferramenta é utilizada para selecionar e priorizar problemas ou ideias levantados a partir de *brainstorming*, pesquisa de campo, ou qualquer outra técnica de geração de ideias, cuja prioridade de tratamento será definida por votação dos participantes.

Ferramentas estatísticas

Existe ainda um conjunto bem caracterizado de ferramentas de cunho estatístico que também são utilizadas no controle e monitoramento de processos. Esse conjunto é chamado genericamente de *ferramentas de controle estatístico de processo* (CEP). Incluem-se nesse grupo capacidade de processo, tabelas de amostragem, confiabilidade, teste de hipótese, análise de regressão, análise multivariada, análise de variância, além de uma série de outras.

7

Métodos específicos de gestão

Os métodos de gestão representam um conjunto de práticas disponíveis para uso no sistema de gestão das empresas. Durante o desenvolvimento de suas aplicações, utilizam ferramentas de gerenciamento e técnicas aplicadas na condução de grupos. Tais métodos são implantados pelas diversas áreas da organização, à medida que surgem necessidades específicas. Neste capítulo são destacados, entre outros, os seguintes métodos: 5S, seis sigma, desdobramento da função qualidade (QFD), *benchmarking*, reengenharia e análise de valor, cujo detalhamento veremos a seguir.

5S

Histórico

Pode-se imaginar uma fábrica japonesa suja e desorganizada? Nos dias de hoje é praticamente impossível, mas este era um fato corriqueiro no Japão derrotado do pós-guerra. O movimento 5S nasceu ali, no final da década de 1960, como parte do esforço empreendido para reconstruir o país, e muito contribuiu, em conjunto com outros métodos e técnicas, para o reconhecimento da poderosa inscrição *made in Japan*.

No Brasil, o movimento chegou formalmente através dos trabalhos pioneiros da Fundação Christiano Ottoni, liderada pelo professor Vicente Falconi, em 1991. Atualmente, existem diversas versões e contribuições à filosofia original, mediante o acréscimo de outros S e interpretações diversas, que, porém, mantêm a coerência com os princípios básicos.

Conceito

É uma filosofia voltada para a mobilização dos colaboradores, através da implementação de mudanças no ambiente de trabalho, incluindo eliminação de desperdícios, arrumação de salas e limpeza.

O método é chamado de 5S porque, em japonês, as palavras que designam cada fase de implantação começam com o som da letra S e são:

- *Seiri* — organização/utilização/descarte;
- *Seiton* — arrumação/ordenação;
- *Seisou* — limpeza/higiene;
- *Seiketsu* — padronização;
- *Shitsuke* — disciplina.

Objetivo

O 5S tem papel importante como instrumento para a união dos colaboradores. Seu objetivo principal é mudar a maneira de pensar desses colaboradores, a fim de que procurem ter um comportamento melhor em toda a vida, tanto profissional quanto familiar. Incentivando-se a utilização da capacidade criativa de cada colaborador da empresa, mediante a formação espontânea de grupos de trabalho, bem como aproveitando o potencial de participação de cada um, pode-se eliminar a papelada sem serventia, arrumar e manter salas e corredores limpos e desobstruídos, realocar itens inservíveis no momento para posterior utilização por outras áreas ou até para possível descarte.

A filosofia 5S induz a quebra de alguns paradigmas, como:

— Não vou jogar isso fora, porque um dia posso precisar dele para alguma coisa...
— Vou deixar empilhado, mas amanhã eu arrumo...

Metodologia

As atividades são divididas em: sensibilização e perpetuação. Sensibilização inclui a educação e o treinamento de todos os colaboradores em temática, origem, concepção. Perpetuação equivale à aplicação dos últimos 2S: *Seiketsu* e *Shitsuke*.

Na primeira fase, a aplicação da filosofia 5S tem início fixando-se cartazes nas dependências da empresa com o objetivo de sensibilizar os colaboradores, suscitando sua curiosidade. Nessa fase, deve-se criar um símbolo para a campanha. Uma figura que transmita segurança, simpatia e que consolide em um só símbolo tudo que se espera alcançar com o programa. Para consolidar o processo, são também escritas mensagens nos contracheques do tipo: "Você passa mais tempo na empresa do que em casa. Que tal arrumar seu ambiente de trabalho de modo a torná-lo mais agradável?"

Em seguida, estrutura-se todo o plano de ação, que envolve uma apresentação a todos os colaboradores, com distribuição de brindes (chapéus, camisetas e aventais) com o símbolo da campanha 5S. Nesse momento, que deve ser o mais lúdico possível, transmitem-se os conceitos, indicando os passos para a implementação, com efetividade, do que se pretende.

Na semana seguinte a essa apresentação, acontece a "semana da limpeza" ou "dia da limpeza", no qual os colaboradores dedicam-se à eliminação dos itens que não estão sendo utilizados (papéis, móveis, equipamentos e outros), à arrumação e à limpeza. Todos são direcionados a levar os itens descartados para áreas específicas, preparadas para o evento, nas quais foi instalada uma balança na entrada, onde tudo é pesado e separado por área de origem, de modo a avaliar o envolvimento no processo.

A avaliação é facilitada filmando-se ou fotografando-se todas as áreas participantes, antes e depois do evento, para fins de comparação.

A "semana da limpeza" é conduzida por multiplicadores — colaboradores de cada área, indicados pelas chefias, cuja incumbência é transmitir informações aos demais colegas e alertá-los quanto aos principais pontos a serem observados.

Após essa etapa, começa a segunda fase, a da perpetuação do processo, que equivale à aplicação dos últimos 2S: *Seiketsu* (padronização) e *Shitsuke* (disciplina). A aplicação adequada desses 2S dá o suporte formal para a perpetuação do processo da formação do contexto de auditoria do 5S, acompanhamento do processo e autodisciplina, a fim de tornar a prática do 5S uma constante no dia a dia do colaborador, não só no ambiente organizacional, mas também em casa, fazendo com que sejam adotadas práticas do tipo "não coloque no prato mais do que pretende comer", "apague as luzes ao sair do ambiente" e outras de caráter educativo.

É nessa etapa que são criadas as comissões 5S, que irão definir as condições ideais de trabalho, e os grupos de auditoria do 5S, que estabelecerão a pontuação correspondente aos itens planejado *versus* realizado.

Outra versão da filosofia 5S é o *housekeeping*, com foco nos três primeiros S e que visa atingir resultados mais rápidos que o 5S tradicional, pois a ênfase recai sobre os 3S mais objetivos, proporcionando resultados mais tangíveis e de fácil mensuração.

Na aplicação dos últimos 2S é que reside a diferença entre o 5S e o *housekeeping*. Enquanto no 5S todo o processo de perpetuação é formalizado, no *housekeeping* isso fica subentendido, o que torna o processo periódico, com eventos pontuais de limpeza e organização, e a inserção de reuniões anuais, como a "semana da limpeza", no calendário da organização.

Os resultados esperados no programa 5S são:

- eliminação de estoques intermediários;
- eliminação de documentos sem utilização;
- melhoria nas comunicações internas;
- melhoria nos controles e na organização de documentos;
- maior aproveitamento dos espaços;
- melhoria do *layout*;
- maior conforto e comodidade;
- melhoria do aspecto visual das áreas;
- mais limpeza em todos os ambientes;
- padronização dos procedimentos;
- maior participação dos colaboradores;
- maior envolvimento e *empowerment*;
- economia de tempo e de esforço;
- melhoria geral do ambiente de trabalho.

Programa 8S

Há algum tempo surgiu uma corrente que considera o programa 5S pouco completo. Para complementá-lo, há a indicação da introdução de 3S adicionais (Abrantes, 2007):

- *Shikari Yao* — senso de determinação e união. Objetiva conseguir a participação direta da alta administração em conjunto com todos os funcionários. Na medida em que os dirigentes da organização e seus representantes estão envolvidos no processo de gestão pela qualidade, este deixa de ser um programa adotado por apenas alguns níveis hierárquicos e passa a sê-lo por todos da organização. A sensibilização para participar do programa 8S passa a ser muito maior.

- *Shido* — senso de treinamento. Objetiva implantar, em todos os níveis organizacionais, um programa de treinamento estruturado, aumentando a empregabilidade dos funcionários e fazendo com que todos se sintam importantes para a empresa.
- *Setsuyaku* — senso de economia e combate aos desperdícios. Objetiva implantar uma etapa que complete todo o ciclo dos 8S. Pode ser considerado o ponto alto do programa, no qual os funcionários são convidados a dar sugestões, propor soluções, enfim, participar ativamente do dia a dia da organização sendo, com isto, recompensados com elogios, prêmios e vantagens oferecidos pelo corpo diretivo.

Em termos de metodologia recomenda-se a seguinte ordem de orientação e implementação:

1. *Shikari Yao;*
2. *Shido;*
3. *Seiri;*
4. *Seiton;*
5. *Seisou;*
6. *Seiketsu;*
7. *Shitsuke;*
8. *Setsuyaku.*

Seis sigma

Histórico

Em 1981, Bob Galvin, presidente da Motorola, seguiu o exemplo do *chief executive officer* (CEO) da Hewlett-Packard

(HP), John Young, e instituiu o programa de melhoramento "10X". Galvin pediu que a Motorola fizesse, em cinco anos, aquilo que a HP levara uma década para realizar. A Motorola saiu em busca de metodologias para implementar melhorias, suprimindo gastos e melhorando os processos (Watson, 2000). Bill Smith, um engenheiro da Motorola, era o responsável pela pesquisa da vida útil de um determinado produto e pela coleta de informações sobre a frequência com que era reparado durante o processo de fabricação. Em 1985, Smith apresentou um trabalho concluindo que, se os defeitos fossem detectados e corrigidos durante o processo de fabricação, seria estatisticamente improvável que novos erros surgissem nos testes finais do produto. Depois que a Motorola recebeu o Prêmio Nacional da Qualidade Malcolm Baldrige em 1988, o seis sigma passou a ser conhecido como o programa responsável pelo sucesso obtido pela empresa (Werkema, 2002:18).

Entre o final da década de 1980 e o início da de 1990, a Motorola obteve ganhos de US$ 2,2 bilhões com o seis sigma. Com a divulgação do sucesso da Motorola, outras empresas, como Asea Brown Boveri, Allied Signal, General Electric e Sony, passaram a utilizá-lo.

Jack Welch, o CEO da GE, começou a se interessar pelo programa a partir da experiência da Allied Signal. Entre 1996 e 1997, a GE investiu US$ 450 milhões no treinamento de 5 mil *master black belts* e *black belts* e de mais de 60 mil *green belts* — cerca de 30% de sua força de trabalho. Em 1999, obteve ganhos de US$ 1,5 bilhão. Segundo Jack Welch, esses resultados financeiros decorrem do aumento de *market-share* da empresa, à medida que os consumidores passam a sentir os benefícios do programa seis sigma em seus próprios negócios (Lucas, 2002:27-31).

No Brasil, empresas como Belgo-Mineira, Multibrás, Kodak, Motorola, AmBev, Grupo Gerdau e Cimentos Votorantim estão com programas seis sigma em andamento, tendo alcançado bons resultados.

Conceito

O conceito do seis sigma não é totalmente novo. Combina algumas das melhores ferramentas apresentadas neste livro com rupturas no pensamento gerencial. A origem de seus princípios está fundamentada nas ideias de Shewhart, Deming e Juran, entre outros.

O seis sigma traduz os esforços de melhoria das organizações na meta específica de reduzir defeitos para próximo de zero. Objetiva atingir, em determinados processos, o máximo de 3,4 defeitos por 1 milhão de oportunidades. Orienta-se unicamente pelo entendimento preciso das necessidades dos consumidores, pelo uso disciplinado de fatos, dados e análise estatística e pela atenção ao gerenciamento, à melhoria e à reinvenção dos processos de negócios. O programa seis sigma usa o ciclo Shewhart modificado (PDCA) como estratégia de ruptura.

O sigma é uma letra grega que os estatísticos utilizam para representar o desvio-padrão de uma amostra. Quanto maior a variação dos dados, maior o desvio-padrão. Por exemplo, é possível comprar três camisas com tamanhos de manga iguais e descobrir que nenhuma está de acordo com o descrito na etiqueta — duas são mais curtas e a outra é 3 cm mais longa —, um bom exemplo de desvio-padrão (Pande, Neuman & Cavanagh, 2000).

Uma virtude do seis sigma é traduzir o desvio-padrão para uma medida do sucesso: ou o bem ou serviço atende às expectativas do cliente, ou não. Tudo que não atenda às necessidades dos clientes é chamado de defeito. Exemplificando: um cachorro-quente com mostarda é um defeito se o consumidor deseja o seu com *ketchup*.

Se é possível definir e medir as necessidades dos clientes, pode-se, por exemplo, calcular o número de defeitos no processo e nas saídas, bem como o rendimento deste e o percentual de bens e serviços bons. Existem várias tabelas bem simples que permitem que se converta performance em níveis sigma (Pande; Neuman & Cavanagh, 2000).

Outra abordagem para determinar o nível sigma é calcular quantos defeitos ocorrem, em comparação com o número de oportunidades de as atividades saírem erradas, em um bem ou serviço. O resultado dessa operação é chamado de *defeitos por milhão de oportunidades* (DPMO).

Objetivo

Entre os principais objetivos do programa seis sigma, identificam-se:

- reduzir o número de defeitos, falhas e erros;
- reduzir a variabilidade dos processos;
- melhorar os produtos;
- diminuir o tempo de ciclo;
- otimizar os estoques;
- obter custos mais baixos;
- melhorar a qualidade;
- satisfazer os clientes;
- aumentar a lucratividade.

Metodologia

Fundamentalmente, o seis sigma é uma metodologia que contribui para a melhoria da qualidade de forma disciplinada (Lucas, 2002). Como essa melhoria é um dos ingredientes da *gestão pela qualidade total* (GQT), muitas empresas consideram que adicionar uma perspectiva seis sigma em seus negócios lhes dá todos ou quase todos os elementos da GQT.

Uma grande vantagem do seis sigma é que não há os termos "qualidade" ou "estatística" em sua denominação, o que acaba com boa parte do preconceito que possa existir para com essas iniciativas.

Se, durante determinado tempo, for exercido controle sobre qualquer processo, medindo-o a cada instante e colocando os pontos em um gráfico, tendo no eixo horizontal a medida que será a faixa de controle e no eixo vertical o número de observações, a tendência desses pontos é parecer com as curvas A ou B apresentadas na figura 14. Trata-se de uma curva de Gauss ou distribuição normal.

Figura 14

DISTRIBUIÇÃO NORMAL NO DECORRER DO TEMPO

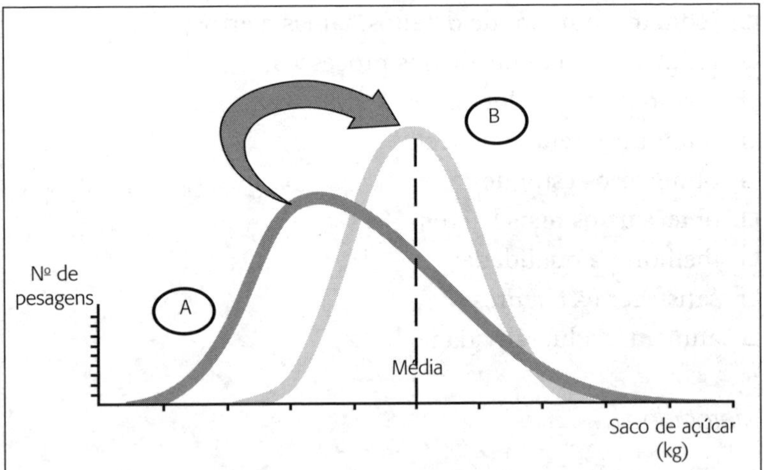

Exemplificando: se forem realizadas 1 milhão de pesagens de sacos de açúcar de 1 kg e for estabelecido que o limite aceitável de controle variará de sacos com 995 g (limite inferior de controle — LIC) até sacos com 1.005 g (limite superior de controle — LSC), a curva de pesagem terá uma forma parecida com a da figura 14.

No início, a curva poderá estar mais para a esquerda (A), mas, conforme ocorra a pesagem, a curva tenderá para a posição B e se consolidará na disposição mostrada na figura 15.

Figura 15

Distribuição normal no final do período de amostragem

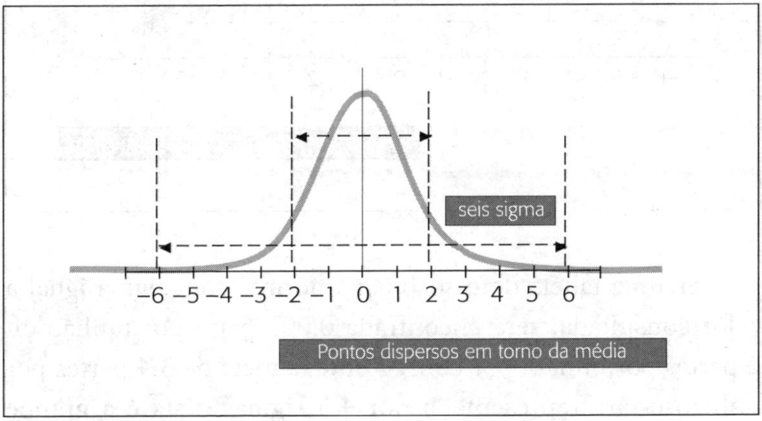

Isso significa que a maioria dos sacos pesados girará em torno de 1.000 g e que essa é uma curva com distribuição normal, ou seja, a curva estará disposta em torno da média; seu desvio-padrão, medido em sigmas, significa a distância entre a média de sua curva e seus limites superior e inferior de controle.

O que o programa seis sigma faz é ajustar o processo para que os pontos a serem acompanhados (no caso, o peso do açúcar) fiquem o mais próximo possível da média, ou seja, que não se tenha muitas variações e que a curva seja o mais normal possível, como na figura 16.

Figura 16

AJUSTE NA CURVA DE DISTRIBUIÇÃO NORMAL

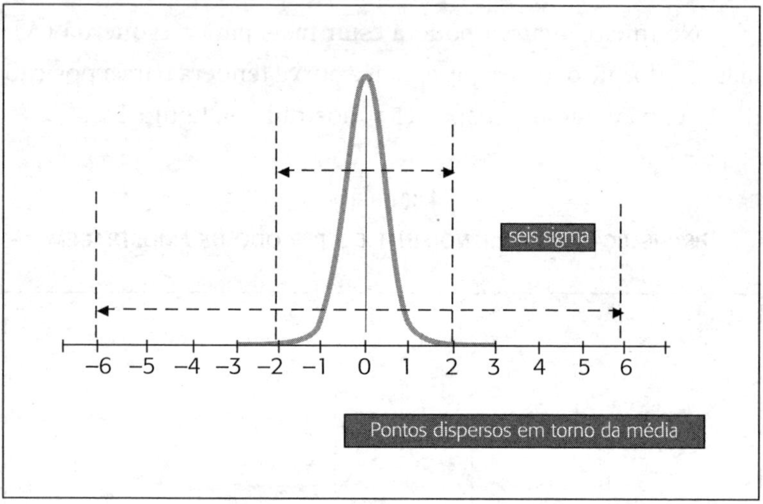

Se uma tabela de distribuição normal com sigma igual a 6 for consultada, será encontrada 0,002 parte por milhão ou 2 partes por bilhão; por conseguinte, a meta de 3,4 partes por milhão estará representada por 4,5 sigmas. Esta é a grande confusão entre o termo seis sigma da academia (dos livros de estatística) e do seis sigma programa.

A justificativa de uma mesma denominação para conceitos aparentemente diferentes poderia ter origem semântica, segundo Perez-Wilson (1999:158): "a Motorola havia procurado um nome de fácil memorização para causar impacto na organização". A explicação para a diferença entre 4,5 sigmas e seis sigmas encontra-se em Breyfogle (1999), que analisa a variação, justificando que, ao se apontar precisamente para o nível de defeito de 0,002 parte por milhão, está-se vendo apenas uma medição pontual do processo, e que, com o correr do tempo, essa variação de 1,5 sigma passa a compensar as variações no processo, atingindo então o nível de defeito de 3,4 partes por milhão de oportunidades.

Na figura 17 encontra-se a representação da curva original A, indo até 4,5 sigmas, e sua variação em B e C, atingindo seis sigmas. É representada a curva abrangendo o seis sigma.

Figura 17

DISTRIBUIÇÃO NORMAL DESLOCADA EM 1,5 SIGMA

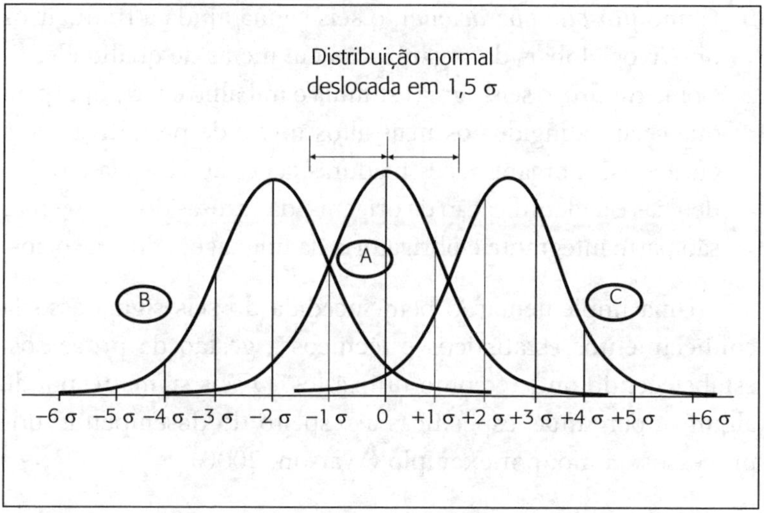

Considere quatro abordagens para o seis sigma (Watson, 2000):

- Como *métrica*, o seis sigma é utilizado para medir o desempenho e a variabilidade dos processos. A competitividade da maioria dos negócios está situada entre três e quatro sigmas. Um desempenho próximo de um sigma (1 σ) mostra que o processo produz mais defeitos do que bons resultados. Atingir seis sigmas significa, na verdade, uma qualidade que se situa muito perto da perfeição.

- Como *metodologia*, o seis sigma associa um rigoroso enfoque estatístico a um arsenal de ferramentas, que são utilizadas com o objetivo de caracterizar as fontes da variabilidade e de demonstrar como esse conhecimento pode ser utilizado para controlar e aperfeiçoar os resultados dos processos. O seis sigma é visto como uma filosofia de gestão; explicita a relação existente entre o número de defeitos, o custo do desperdício operacional e o grau de satisfação do cliente com os bens e serviços da empresa.
- Como *filosofia operacional*, o seis sigma ajuda a traduzir os objetivos globais da organização em metas de qualidade.
- Como *cultura*, o seis sigma estimula o trabalho em equipe, para que sejam atingidos os mais altos níveis de produtividade e eficácia. Em organizações maduras, a gestão baseada em evidências e a identificação da origem e das causas dos problemas são parte integrante e obrigatória da linguagem dos negócios.

Uma implementação bem-sucedida do seis sigma associa conhecimentos estatísticos e técnicos à gestão de processos, estabelecendo onde e como utilizá-los. O seis sigma responde algumas perguntas específicas a respeito do desempenho dos processos, como, por exemplo (Watson, 2000):

- Como funciona o processo atualmente?
- Existem procedimentos?
- Quando são utilizados?
- Quais as fontes conhecidas de variabilidade e seus efeitos sobre a qualidade e o desempenho esperados?
- Qual é o desempenho médio do processo?
- Quais são os desvios no desempenho do processo?
- Os sistemas de medição são capazes de detectar o que impacta a qualidade dos resultados observados?

Um dos pontos mais importantes para a implementação do programa seis sigma é a capacitação de especialistas, sendo o mais conhecido o *black belt*, que sinaliza a figura do "faixa preta" (Werkema, 2002:37-41).

A ideia de se estabelecer um paralelo entre a luta de caratê e a implementação do seis sigma surgiu porque ambas dependem de força, velocidade e determinação, bem como de disciplina mental e treinamento sistemático e intensivo. Os *black belts* dependem, basicamente, dos recursos alocados por suas empresas, de sua própria concentração mental e agilidade para tocar múltiplos projetos e concluí-los rapidamente.

Cada um desses profissionais, adequadamente treinado, pode completar de quatro a seis projetos por ano, ou um projeto a cada dois ou três meses. A duração de cada projeto depende da complexidade, da disponibilidade de equipamentos de medição apropriados e da verba alocada.

É fundamental que o futuro *black belt* possua capacidade de liderança. Um dos maiores desafios de um *black belt* é fazer com que outras pessoas pratiquem novas formas de trabalho. Seu foco deve se concentrar em ensinar e auxiliar os colaboradores da organização na análise e no controle dos processos em que atuam. Seu tempo deve ser destinado a estudar, pensar e aprender como inovar na solução de problemas e no aumento da lucratividade.

Outros atores do processo são:

- *champions* — gestores que definem a direção que o seis sigma irá tomar e que têm a responsabilidade de apoiar os projetos e remover possíveis barreiras ao seu desenvolvimento;
- *master black belts* — profissionais que atuam em tempo integral como mentores dos *black belts* e que assessoram os *champions*;

- *green belts* — profissionais que participam das equipes lideradas pelos *black belts* na condução dos projetos seis sigma.

Embora dite a regra que a proporção adequada deva ser um *black belt* para cada 100 empregados e um *master black belt* para cada 100 *black belts*, implementações recentes sugerem que a razão entre *black belts* e *master black belts* deve ser próxima de 10 para um (Lucas, 2002). A avaliação rigorosa dos projetos permite que o número de *black belts* seja estabelecido criteriosamente, pois, como os projetos são de grande retorno, não deve haver muitos projetos.

Um projeto seis sigma requer um período de gestação de dois a três meses, desde a caracterização do processo até a finalização da análise do problema. A duração do projeto depende da disponibilidade de dados ou da infraestrutura requerida para realizar os experimentos. Os benefícios são visíveis um mês após a conclusão do projeto e dependem da agressividade do "dono" do processo na sustentação dos resultados obtidos.

Entre as diversas ferramentas utilizadas no programa seis sigma, pode-se citar o mapeamento de processos, a análise de sistemas de medição, ferramentas de controle estatístico de processos (CEP), todas integradas numa metodologia tipo PDCA, que, no programa seis sigma, é conhecida como DMAIC (*define*, *measure*, *analyze*, *improve* e *control*).

Projetando para seis sigma em serviços (design for six sigma)

A evolução dos processos de gerenciamento da qualidade parece ter sido focada em qualidade nos processos da indústria, mas, nos últimos tempos, tem havido um grande esforço no sentido de aplicar os conceitos de gerenciamento da qualidade aos projetos de serviços.

De acordo com El-Haik e Roy (2005), somente empresas que têm um desenvolvimento em seis sigma maduro têm visto o esforço com tais projetos em serviços como investimento, em vez de possível despesa.

Design for six sigma (conhecido pela sigla DFSS) para serviços é uma abordagem estruturada, direcionada por dados, para se projetarem todos os pontos dos processos de serviços (El-Haik e Roy, 2005).

Um processo de serviços é visto como um conjunto coordenado de atividades transacionais colaborativas que distribuem valor para o cliente (McCarty et al., 2005).

Design for six sigma (DFSS)

DFSS é uma abordagem disciplinada e rigorosa para projeto de serviço, processos e produtos que garante que os novos projetos se encontrem com os requisitos do consumidor no lançamento (El-Haik e Roy, 2005).

Algumas das ferramentas possíveis de serem utilizadas para complementar um projeto DFSS são o QFD (*quality function deployment*) e a FMEA (*failure mode and effects analysis*) vistos neste livro em tópicos anteriores.

Diferentemente da metodologia DMAIC, as fases ou passos do DFSS podem ter várias abordagens dependendo de quem aplica os treinamentos e do objetivo previsto.

O nível sigma a ser atendido pode variar de 4 (6.210 DPMO ou *defeitos por milhão de oportunidades*) até 6 (3,4 DPMO) e ser considerado um bom nível, desde que atenda à qualidade esperada pelo consumidor.

DFSS se baseia em quatro fases distribuídas em sete estágios de desenvolvimento.

As iniciais destas fases, que podem ser visualizadas no diagrama da figura 18 — *identificar, caracterizar, otimizar e validar* — formam o acrônimo Icov.

Figura 18

CICLO DFSS (ICOV)

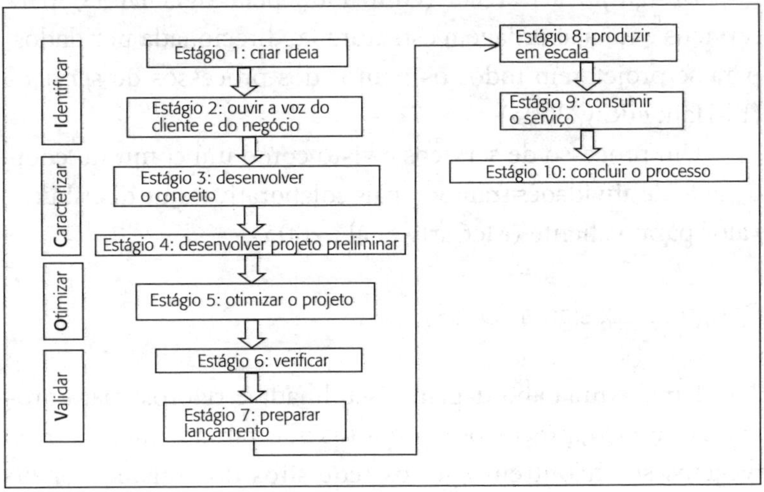

Fonte: Adaptado de El-Haik e Roy (2005).

O estágio 1 se inicia com uma ideia inovadora ou ideia para solucionar um problema; a partir desta centelha o cliente é consultado, momento em que o QFD será bem útil (estágio 2). No estágio 3 o time de projetos deverá ter produzido algumas soluções que poderão ser contempladas no estágio 4. O time do projeto poderá acatar a pertinência da maioria das soluções apresentadas, que então serão aprofundadas e otimizadas no estágio 5 (otimização do projeto, que poderá ser determinística ou estatística em sua natureza). Do ponto de vista estatístico, haverá a busca de fatores que possam afetar o desempenho, como perfil de utilização do cliente, meio ambiente e variações em geral. Neste estágio o time precisa produzir uma documentação detalhada da solução considerada ótima. O estágio 6 será o momento de fazer um modelo, assumindo a viabilidade do projeto — um protótipo do que será o produto do projeto, que poderá ser uma simulação do serviço, por exemplo. No estágio 7 deverá haver a produção do serviço a ser oferecido. Nos estágios 8, 9 e 10 haverá a efetiva complementação de todo o processo, bem como sua avaliação e indicação de possíveis ajustes a serem feitos.

DMAIC

A metodologia DMAIC também é cíclica, como o PDCA visto anteriormente.

Segundo George (2003) ela é composta das seguintes fases:

- *D* — *define* (definir) — definir o escopo do projeto;
- *M* — *measure* (medir) — determinar indicadores apropriados para medir o projeto;
- *A* — *analyze* (analisar) — determinar as causas de cada problema definido;
- *I* — *improve* (melhorar) — propor, avaliar e implementar soluções para cada problema prioritário;
- *C* — *control* (controlar) — garantir a perpetuação das mudanças.

Na primeira fase (*D*, definir), a equipe do projeto entra em acordo sobre o que o projeto é e o que se pretende como resultado dele. Todos na equipe devem estar cientes de qual é o problema e como os clientes estão sendo afetados por ele. Nesta fase todos precisam definir com total exatidão o escopo do projeto, bem como qual é exatamente o benefício que esperam.

Principais ferramentas utilizadas nesta fase: *brainstorming*, matriz GUT, técnica do grupo nominal, diagrama de causa e efeito, gráfico de Pareto, histograma, matriz de priorização e carta de controle.

Na segunda fase (*M*, medir), todos precisam estar cientes de que a medição é a razão de ser do programa seis sigma, e de que uma medição benfeita, com indicadores apropriados, é o caminho para o sucesso do projeto. Os indicadores é que vão permitir mensurar qual a real situação do problema antes do projeto e após o projeto terminar. Os indicadores é que demonstram as melhorias implementadas nos processos.

Principais ferramentas utilizadas nesta fase: *brainstorming*, estratificação, folha de verificação, gráfico de Pareto, carta de controle e histograma.

O objetivo da terceira fase (*A*, analisar) é confirmar a validade de todos os indicadores levantados na fase anterior e usar estes dados para confirmar a fonte de atrasos, desperdícios e falta de qualidade. Nesta etapa também são verificados os padrões que serão seguidos na fase seguinte, melhoria.

Principais ferramentas utilizadas nesta fase: fluxograma, mapa de processo, FMEA, histograma, estratificação, *brainstorming*, diagrama de causa e efeito e diagrama de afinidade.

A próxima fase (*I*, melhorar) objetiva fazer as mudanças necessárias no processo, de maneira que este atenda aos objetivos previstos na primeira fase. É prudente não modificar todas as atividades do processo-alvo e sim fazer o teste em um processo-piloto, no qual as oportunidades de melhoria poderão ser bem acompanhadas, evitando que haja qualquer desperdício se as propostas de mudança não atingirem os seus objetivos.

Principais ferramentas utilizadas nesta fase: *brainstorming*, diagrama de causa e efeito, diagrama de afinidades, FMEA e 5W2H.

A última fase é a mais importante, pois ela permitirá a continuidade do programa de melhoria. Na fase *C* (controlar), precisa-se ter a certeza de que os ganhos serão preservados. Para que isso seja possível, todos os procedimentos deverão ser documentados, bem como os resultados quantificados e, preferencialmente, convertidos em moeda forte, para que todos tenham consciência das vantagens de um projeto bem-sucedido.

Há, também, obrigatoriedade de se criar um plano de controle bem-delineado, para que todas as variações no processo sejam acompanhadas, e possíveis desvios corrigidos.

Principais ferramentas utilizadas nesta fase: gráfico de Pareto, histograma, Poka-Yoke e cartas de controle.

QFD — o desdobramento da função qualidade

Histórico

O método *quality function deployment* (QFD) foi criado no Japão principalmente pelos professores Mizuno e Akao. Desde então foi continuamente aperfeiçoado pelo grupo do professor Akao, em cooperação com empresas japonesas. A caracterização do método e a descrição do conteúdo tiveram origem nos trabalhos de Akao, em 1972. No entanto, o método só foi reconhecido como instrumento importante para o planejamento da qualidade ou gestão de desenvolvimento do produto em 1978 (Cheng, 1995:23-26).

Foi primeiramente desenvolvido no estaleiro da Mitsubishi Heavy Industries Ltd., que produzia navios de grande porte e navios-tanque, a partir de uma solicitação do governo japonês a um grupo de professores universitários, do qual o professor Akao fazia parte, que tinha por objetivo estruturar um processo que permitisse vincular cada etapa da construção de navios ao atendimento e à satisfação de determinados requisitos.

Já nos primórdios dos anos 1970, a indústria automobilística japonesa também adotou esse método, objetivando incrementar a exportação de veículos, tendo em vista a imagem pouco animadora que estes desfrutavam no mercado internacional, sobretudo em face da baixa qualidade apresentada em comparação com os fabricados em outros países. Nessa nova fase, cuidou-se para que grupos de clientes opinassem, avaliando os veículos fabricados e despertando nas indústrias a atenção para pontos não enfocados anteriormente no desenvolvimento de seus automóveis, mas que eram de grande relevância no entender de seus clientes. Assim, esse método passou a incorporar a voz do cliente, cuja importância seria, com o passar dos anos, cada vez maior, resultado do reconhecimento do uso desse método.

Transcorridos aproximadamente 15 anos de experiências bem-sucedidas no Oriente, o método QFD migrou para o Ocidente, sendo então implantado nos EUA, tendo como ponto de partida a indústria automobilística. O êxito de seu emprego nesse ramo industrial expandiu-se de tal forma no território americano que, no final dos anos 1980, já havia registrado um número expressivo de casos bem-sucedidos. No Brasil, empresas como Embraer, Multibrás, Xerox, Eaton, Fiat, Freios Varga, Mercedes-Benz, Gradiente, AmBev têm alcançado bons resultados.

Conceito

O *quality function deployment* (QFD) consiste em um poderoso instrumento de planejamento. O termo *quality* não tem o significado de *qualidade*, mas de atributos ou características; *deployment* assume o sentido de desenvolvimento e difusão. Consequentemente, "desdobramento da função qualidade" não é a tradução exata do termo QFD, por não refletir todo o seu significado.

Apesar de alguns especialistas o entenderem como um sistema e outros como uma metodologia, torna-se relevante associar o QFD à ideia de transformação de dados obtidos prioritariamente com os clientes (Cheng, 1995:31). As informações assim colhidas são submetidas a uma série de processamentos. Os requisitos determinados pelos clientes são refinados sucessivamente, de tal maneira que os produtos finais traduzam os atributos estabelecidos pelos próprios clientes.

Voltado para o pensamento do cliente, o QFD consiste em garantir a observância das demandas do mercado, no que tange tanto ao desenvolvimento de atributos, características e especificações do produto, quanto à seleção e ao desenvolvimento de equipamentos, métodos e controles de processo.

Objetivo

O método QFD espelha uma mudança na forma de se ver o controle da qualidade: troca-se a antiga abordagem reativa, fruto da inspeção levada a efeito no produto final oferecido para o cliente sem qualquer interferência deste na sua elaboração, por outra, de cunho proativo, voltada para a prevenção, à luz das necessidades antecipadas pelo cliente.

Seus principais objetivos são: estabelecer a qualidade projetada e planejada; analisar e comparar com produtos dos concorrentes; identificar os pontos de controle nos locais de trabalho (Ofjuhi, Ono e Akao, 1997); reduzir o tempo de desenvolvimento de produtos, o número de alterações em projetos, os problemas na partida da produção e os custos; aumentar a satisfação de clientes e ampliar a base de conhecimento dos participantes do projeto de QFD.

Metodologia

Existem vários modelos de metodologias de QFD, desenvolvidos por diversos autores, e que, apesar de se apresentarem de formas distintas, não têm grandes diferenças em sua essência.

O QFD se processa, em geral, em quatro etapas — planejamento do produto, desenvolvimento dos componentes, planejamento do processo e planejamento da produção —, que, em suas formas finais, são apresentadas como matrizes. O resultado da fase de planejamento do produto é a elaboração da Casa da Qualidade, conforme mostra a figura 19.

Figura 19

CASA DA QUALIDADE

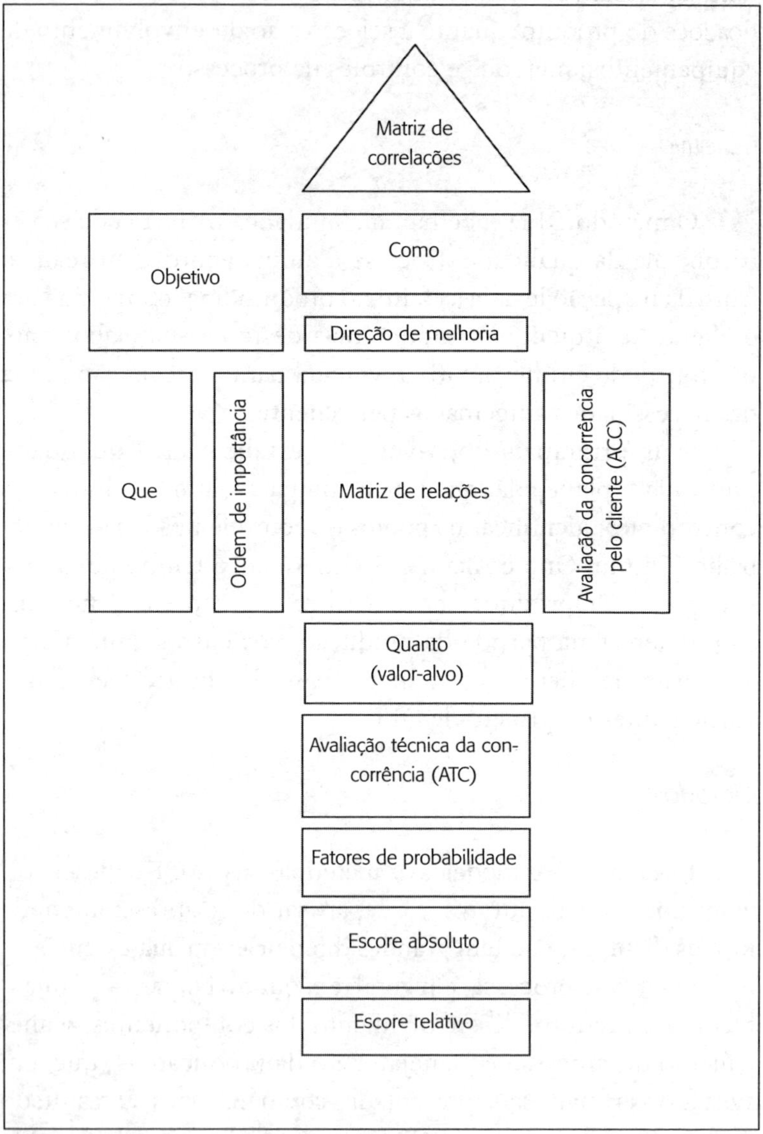

Fonte: Adaptado de Guinta e Praizler (1993:33).

Vejamos o sequenciamento das etapas, para a elaboração da Casa da Qualidade, referente à fase de planejamento do produto:

- *Definição do objetivo*. É uma descrição da meta, do objetivo, do problema, da dificuldade que se quer resolver ou para o qual se vai direcionar todo o esforço da equipe no intuito de saná-lo. Geralmente aparece na forma de uma pergunta que se está tentando responder, devendo-se definir claramente o bem ou serviço.
- *Lista de "ques" — o que o cliente quer.* São as características do produto, bem ou serviço tal como definidas pelo cliente, sob a ótica de o que o cliente quer do bem ou serviço, escopo do projeto. O levantamento das necessidades e requisitos dos clientes e suas prioridades é feito mediante mecanismos de *feedback* e pesquisa de mercado.
- *Ordem de importância*. Nessa etapa os clientes atribuem pesos, que normalmente variam de 1 (menos importante) a 7 (mais importante) aos "ques" levantados.
- *Avaliação da concorrência pelo cliente*. Análise do bem ou serviço oferecido pela concorrência, em comparação com o bem ou serviço estudado. Permite uma reavaliação da ordem de importância, acrescentando novos requisitos, colhidos com os clientes, à relação de "ques", e uma avaliação de como os clientes veem o produto em comparação com o dos concorrentes, identificando os pontos fortes e fracos, segundo avaliação da concorrência pelo cliente. Essa avaliação é resultado de pesquisa com os clientes, baseada em suas percepções sobre cada "que".
- *Lista de "comos" — como traduzir/entender os desejos dos clientes*. Nessa fase, traduzem-se aquelas necessidades em requisitos de cunho técnico, adequados a cada etapa do desenvolvimento do produto. É importante o engajamento simultâneo de todos os setores participantes no processo,

em especial os representantes das áreas de marketing, planejamento, projeto e engenharia de produto, bem como as áreas de desenvolvimento do processo, vendas e serviços. Os requisitos do cliente são, em sua maioria, expressos mediante características qualitativas, demandando, para sua apropriada quantificação, métodos para a estimação de dados que auxiliem no entendimento das expressões do cliente. Um "como" é uma maneira de atender a um "que". Os "comos" devem ser mensuráveis e controláveis.

- *Direção de melhoria*. Estabelece para cada "como" a sua direção de melhoria. A direção de melhoria pode ser "para cima", nos casos em que o aumento do valor do "como" melhora o desempenho (quanto maior, melhor); "para baixo", nos casos em que a diminuição do valor do "como" melhora o desempenho (quanto menor, melhor) ou uma faixa de resultados (dentro da faixa, melhor).
- *Matriz de correlação (telhado da Casa da Qualidade)*. É uma matriz triangular que busca estabelecer a correlação entre os "comos". As correlações têm por objetivo avaliar o impacto em um "como" quando se melhora ou piora um outro "como". Essas correlações podem ser: muito positiva, positiva, negativa, muito negativa ou inexistente. Aferidas as correlações, conforme sua natureza elas serão objeto de tratamento diferenciado: se positivas, haverá economia (otimização) de recursos na consecução de algum "como"; se negativas, tendem a exigir um esforço em pesquisa e desenvolvimento, de modo a eliminar esse *tradeoff*, como é chamado.
- *Quanto (valor-alvo)*. Estabelece para cada "como" um valor-alvo que deve ser alcançado de modo a garantir a satisfação do cliente. Normalmente, é obtido respondendo-se à seguinte pergunta básica: que valor o "como" deve ter para atingir/garantir a satisfação do cliente?

- *Avaliação técnica da concorrência.* Similar à avaliação da concorrência feita pelo cliente, a diferença reside no fato de a comparação se basear em cada "como" e não em cada "que". Ou seja, nesse caso, a avaliação entre concorrentes não se baseia na percepção dos clientes, mas em avaliações técnicas, feitas pelo pessoal da empresa.
- *Matriz de relações.* É uma forma sistemática de identificar um nível de relação ou dependência entre uma característica do bem ou serviço — item "que" — e a maneira de obtê-lo — item "como". A pergunta básica que se faz é: se o "como" atingir o valor-alvo conforme o esperado, com que intensidade o cliente perceberá que o respectivo "que" foi atendido? Utilizam-se, normalmente, os graus de intensidade fraco, médio ou alto, quando aplicável.
- *Fatores de dificuldade ou probabilidade.* São valores que indicam a maior ou menor dificuldade que a empresa tem para atender cada um dos itens "como". É a probabilidade que cada "como" tem de ser realizado com sucesso. Os valores indicam a facilidade com que a empresa pode realizar cada "como".
- *Escores absoluto e relativo.* Os graus de intensidade atribuídos na matriz de relações e a ordem de importância fornecida auxiliam na priorização dos esforços, ou seja, na seleção dos "comos" que deverão passar à próxima fase. Os escores são calculados multiplicando-se os graus de intensidade obtidos, 1 (fraco), 3 (médio) e 9 (alto), pela ordem de importância, de 1 a 7, fornecida pelo cliente. Os resultados dos escores absolutos (somatório de cada coluna "como") obtidos representam a importância relativa de cada "como" no atendimento do conjunto dos itens "que". Quanto maior o escore do "como", maior a importância de ser levado à próxima matriz. Por sua vez, escore relativo nada mais é do que a participação percentual do escore absoluto de cada "como" no total do escore absoluto obtido.

A figura 20 apresenta um exemplo simplificado da Casa da Qualidade preenchida.

Figura 20

CASA DA QUALIDADE

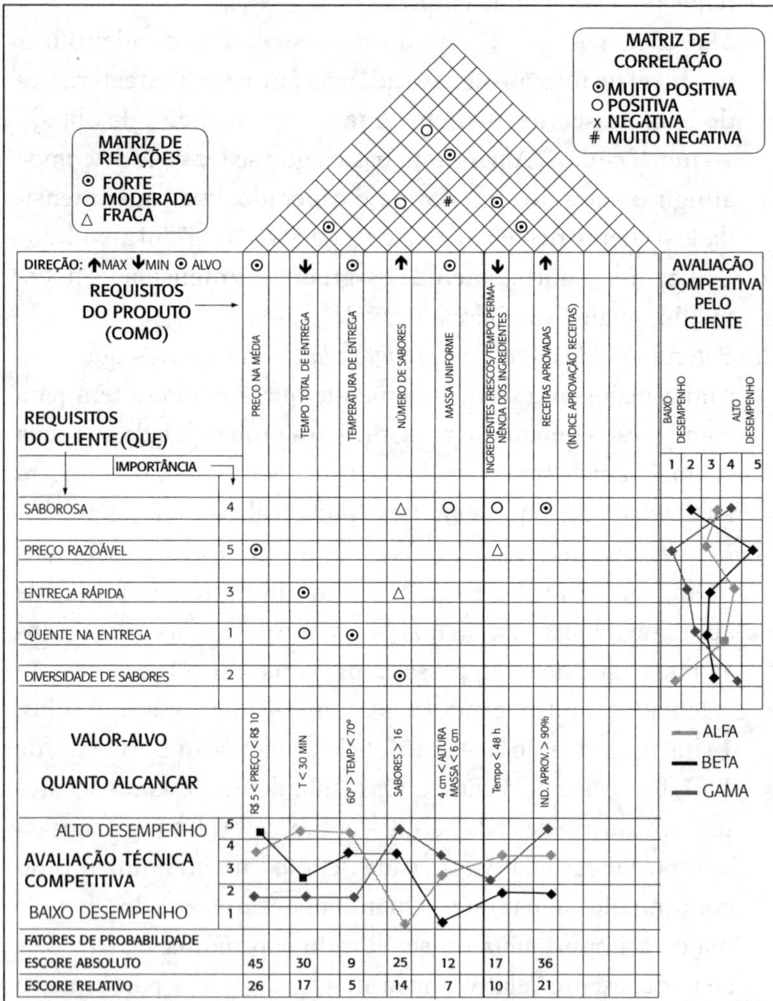

Fonte: Adaptado de American Supplier Institute (1989:57).

De uma fase para a outra migram os requisitos de maior relevância, assim como os que demandam novas tecnologias e os que apresentam alto risco de projeto, de modo que se minimizem tempo e esforço com os requisitos de um projeto já bem-sucedido. Ver a figura 21.

Figura 21

FASES DO DESDOBRAMENTO DA FUNÇÃO QUALIDADE

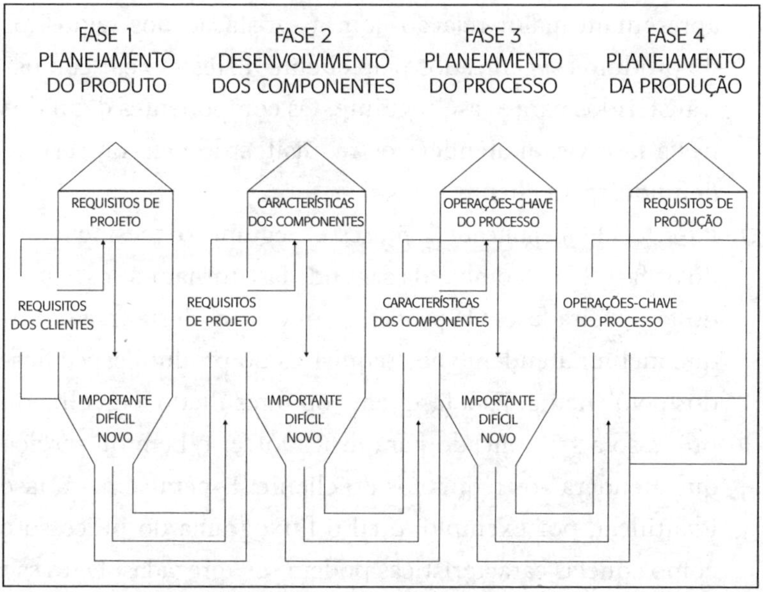

Fonte: Adaptado de American Supplier Institute (1989:28).

As fases são complementares e têm por objetivo colher as impressões dos clientes em todas as etapas do processo de QFD.

- *Fase 1 — Planejamento do produto.* É a finalidade do produto. Nessa fase convertem-se as exigências do cliente em "ques". A equipe passa a desenvolver a matriz, criando diferentes maneiras de traduzir os requisitos — os "comos". O objetivo é identificar que necessidades e desejos o produto deve satisfazer. Após uma avaliação pelo grupo, alguns dos "comos" dessa lista migrarão para a próxima fase. O resultado desta fase é a elaboração da matriz Casa da Qualidade.

- *Fase 2 — Desenvolvimento dos componentes.* É a identificação das características do produto. Os "comos" da fase 1 transformam-se nos "ques" desta segunda fase. Nela determinam-se os detalhes e componentes necessários para fabricar o produto ou prestar o serviço, resultando em pontos que apresentam maior relação com a satisfação dos requisitos do produto especificados pelo cliente. Estes são os "comos" transferidos para a fase seguinte. Os componentes definidos nesta fase visam atender aos requisitos do bem ou serviço definidos pelo cliente.
- *Fase 3 — Planejamento do processo.* Seguindo o mesmo método da fase 2, os "comos" da segunda fase tornam-se os "ques" desta terceira fase. Os processos que saem desta fase são os que melhor atenderão aos requisitos do produto especificados pelo cliente. Esta fase tem como resultado a escolha do processo a ser aplicado para desenvolver o bem ou serviço que atenderá aos requisitos do cliente. Espera-se nesta fase identificar, por exemplo, qual o fluxograma do processo e como aquelas características podem ser agregadas. Estes são os "comos" que serão transferidos para a fase 4.
- *Fase 4 — Planejamento de produção.* Na fase 4 desenvolvem-se os requisitos de fabricação do produto. Os "comos" da terceira fase passam a ser os "ques" desta fase final. Os métodos de produção para atender ao processo estipulado na terceira fase permitirão à empresa fabricar um produto ou prestar um serviço inteiramente de acordo com as necessidades e anseios do cliente. Se tudo der certo, serão adotados como padrão.

Ao final das fases, espera-se ter a solução para o propósito do projeto.

Para a plena eficácia do método em estudo, é importante difundir a voz do cliente por todos os estágios do fluxo do processo, daí decorrendo novas fases e respectivas matrizes.

As quatro fases aqui apresentadas, conforme pode ser visto na figura 21, devem ser, de modo geral, consecutivas, cada uma representada em forma de matriz, na qual os itens "ques" correspondem aos itens "como" da relação matricial imediatamente anterior, e os valores dos itens "quanto" da matriz anterior são transpostos para a nova matriz, de modo a serem preservados com os itens "como".

Observe que o processo descrito transcorre continuamente até que cada objetivo seja desdobrado no nível da operação. Assim, nesse estágio prepondera, entre as ações consequentes, a seleção dos "comos" que ocuparão o lugar dos "ques" na fase seguinte. É imperioso que sejam os vitais — novos, importantes ou difíceis —, uma vez que são os que apresentam substancial risco ou oportunidade para a organização.

Podem-se arrolar, de modo resumido, os seguintes procedimentos para a montagem da fase 1 do QFD referente à Casa da Qualidade:

- ❑ estabeleça o objetivo do trabalho;
- ❑ levante requisitos dos clientes — "ques";
- ❑ priorize os requisitos com os clientes;
- ❑ levante a situação da concorrência com os clientes;
- ❑ traduza os requisitos do cliente em requisitos de projeto — "comos";
- ❑ identifique a direção de melhoria do "como";
- ❑ estabeleça a matriz de relação (telhado);
- ❑ estabeleça as metas/valores (quanto) para os itens "como";

- levante a situação da concorrência, de acordo com a avaliação técnica;
- analise eventuais conflitos de informação referentes à concorrência;
- estabeleça ajustes na matriz de relação;
- faça as correlações entre "ques" e "comos";
- calcule as importâncias absoluta e relativa;
- reavalie toda a matriz mais uma vez;
- selecione os requisitos de projeto que serão considerados nas próximas fases.

Benchmarking

Histórico

O processo de *benchmarking* remonta aos primórdios da civilização, quando os exércitos da Antiguidade buscavam o maior número possível de informações sobre o estágio de operação do exército inimigo, com o propósito de se aperfeiçoarem nos pontos identificados como frágeis. Assim, num ambiente de caráter competitivo, torna-se propício o emprego desse método. Vale registrar, no entanto, que *benchmarking* não é um processo de espionagem militar ou industrial.

Aplicando-se esse método, observa-se a experiência de líderes de mercado e de indústria bem-sucedida, com o fim de extrair dela algum aprendizado que venha a melhorar os padrões de desempenho. Quando surgiu, o foco inicial do *benchmarking* era aprender com o concorrente aquilo que o punha em dada vantagem. Nos anos 1960, a IBM obteve significativa melhoria de desempenho no mercado por conseguir reduzir custos padronizando suas práticas organizacionais à luz das melhores existentes em outras organizações. Na década seguinte, as empresas norte-americanas, ao perceberem que as japonesas ganhavam na qualidade de seus produtos, passaram a analisar as práticas gerenciais daquelas organizações, com o objetivo de recuperar a parcela perdida do mercado.

Nesse cenário, a partir da década de 1970, surgiu o termo *benchmarking* competitivo, fruto do trabalho desenvolvido pela empresa Xerox ao determinar pontos deficientes em seu desempenho em relação à concorrência. O processo utilizado serviu, enfim, como parâmetro para outras empresas.

Essa prática foi sistematizada a partir da colaboração de Robert Camp (Camp, 1996), então na Xerox, e se tornou tão importante que empresas passaram a treinar seus gerentes nessa atividade, algumas chegando até a criar gerências de *benchmarking* com o objetivo de disseminar e capacitar o corpo gerencial na sua aplicação, como foi o caso da IBM. Daí em diante começaram a surgir metodologias similares.

Conceito

> *Benchmarking* é um processo contínuo e sistemático para avaliar produtos, serviços e processos de trabalho de organizações que são reconhecidas como representantes das melhores práticas, com a finalidade de melhoria organizacional.
>
> (Spendolini, 1994:10)

Na medida em que são realizadas comparações entre empresas, o hiato constatado entre elas sinaliza uma oportunidade de melhoria a ser explorada. É preciso identificar os referenciais de excelência (*benchmark*) e realizar as devidas comparações com esses referenciais (*benchmarking*). Assim, é possível saber como uma empresa se encontra em relação aos concorrentes diretos e aos de melhor desempenho em atividades similares (Rodrigues, 1999:29).

É importante esclarecer desde já que o *benchmarking*, por ser um processo sistemático, utiliza uma metodologia de trabalho. *Benchmarking* não é, simplesmente, fazer uma visita a outra empresa a fim de trocar informações. Promover uma visita é extremamente saudável e até faz parte, em dado momento, da metodologia, mas não basta.

Pode-se classificar o método *benchmarking* em três categorias — interna, competitiva e genérica —, que utilizam a mesma estrutura de trabalho.

O *benchmarking* interno ocorre quando se comparam atividades semelhantes dentro da própria organização. Muitas organizações têm mais de uma filial, departamento ou local, o que permite comparações sobre desempenho e processos entre as unidades. Presume-se, nesse caso, que a empresa irá buscar as suas melhores práticas, internamente, e compartilhá-las com as demais unidades. Exemplo: comparar o processo de faturamento entre lojas de uma mesma cadeia de supermercado.

Já no *benchmarking* competitivo, a comparação é realizada com empresas atuantes no mesmo segmento, concorrentes diretas ou não. Presume-se, nesse caso, que a empresa irá buscar as melhores práticas existentes, tentando igualar ou superar os melhores referenciais. Exemplo: comparar o processo de faturamento de supermercados concorrentes.

O *benchmarking* genérico, por sua vez, envolve a comparação de processos de empresas que podem ou não ser concorrentes diretas, atuando em qualquer tipo de indústria ou setor. O objetivo, nesse caso, é identificar as melhores práticas de gestão, em qualquer tipo de organização com reputação estabelecida na área-alvo de estudo. Existem excelentes organizações, empresas de classe mundial, mas que nunca serão excelentes em todos os processos. Exemplo: comparar o processo de faturamento de um supermercado com o de uma empresa de cartão de crédito. Por ser a atividade de cobrança e emissão de guias de faturamento vital para as empresas de cartão de crédito, pode-se supor que o pessoal de faturamento de um supermercado tem o que aprender com a empresa de cartão de crédito.

Em *benchmarking* não se comparam organizações como um todo e, sim, processos específicos.

Alguns autores classificam o *benchmarking* em quatro tipos: interno, competitivo, funcional e genérico. A diferença, nesse caso, é que separa o genérico do funcional, identificando o funcional quando o esforço de *benchmarking* é desenvolvido dentro do mesmo segmento de negócio em que a empresa atua, enquanto no genérico é desenvolvido em qualquer outro segmento. Exemplo de *benchmarking* funcional: comparar o processo de faturamento de um supermercado com o de um atacadista, fornecedor do supermercado.

Objetivo

O objetivo maior do *benchmarking* é captar e aprender, identificando oportunidades e ameaças. A empresa que se propõe a realizar *benchmarking* almeja aperfeiçoar sua gestão através de:

- busca de melhores processos e práticas inovadoras;
- aceleração dos ciclos de aprendizado e melhoria como um todo;
- redução de prazos e custos;
- formação de consenso interno sobre as limitações da organização e suas deficiências;
- estabelecimento de referências quantitativas para a melhoria dos resultados.

Metodologia

Há uma variedade de metodologias de *benchmarking*, desenvolvidas por diferentes autores e consultores organizacionais. Mas verifica-se entre elas uma linha comum, cujos passos formam uma sequência similar. A seguir, os principais passos encontrados nas metodologias:

- identificar o tema;
- identificar empresas comparáveis e parceiros;
- identificar o método de coleta de dados e coletá-los;
- determinar a defasagem de desempenho;
- projetar desempenho futuro;
- estudar as práticas utilizadas;
- estabelecer metas e planos de ação;
- implementar plano de ação;
- monitorar o desenvolvimento do trabalho;
- reavaliar todo o processo.

As atividades de *benchmarking* são, normalmente, regidas por um código de conduta, ao qual empresas e participantes se submetem ao iniciarem uma atividade dessa natureza. Vejamos os princípios encontrados no Código Brasileiro de Ética e Conduta desenvolvido pelo Instituto Nacional de Desenvolvimento e Excelência (Inde, 2002):

- princípio da legalidade;
- princípio da troca;
- princípio da confidencialidade;
- princípio do uso;
- princípio do contato em *benchmarking*;
- princípio do contato com terceiros;
- princípio da preparação;
- princípio do pleno cumprimento;
- princípio do entendimento e da ação;
- princípio do relacionamento.

As atividades de *benchmarking* atingiram tal nível de sofisticação que é comum encontrar, nos EUA, institutos e empresas que têm por objetivo promover a sua prática. Empresas interessadas associam-se a essas instituições e se colocam à disposição, em face de sua competência empresarial, para apresentar seus processos, ensinar aquelas práticas em que se consideram competentes e, paralelamente, aprender, obter informações sobre outros assuntos. É possível identificar na internet várias instituições com esse objetivo.

Outro aspecto importante diz respeito à continuidade: o método não se constitui em evento isolado, assemelhando-se a uma pesquisa que disponibiliza informações de valor. Não se trata de copiar, mas de aprender com outras organizações de sucesso. Para tanto, é necessário o exercício de atividade intensa e disciplinada, visto ser uma metodologia de aplicações múltiplas em variada gama de processos no âmbito organizacional.

Reengenharia

Histórico

O termo reengenharia ficou conhecido a partir do lançamento do livro de Michael Hammer e James Champy (edição em português de 1994), surgido após artigo de Hammer na *Harvard Business Review* (1990), que, por ser um periódico de circulação restrita, não teve muita repercussão.

Conceito

Reengenharia é "começar do zero" (Hammer e Champy, 1994:21-22). Não significa reformular o que existe ou fazer mudanças tímidas que deixem as estruturas básicas intactas; significa abandonar procedimentos consagrados e reexaminar o trabalho necessário para criar os bens e serviços oferecendo aos clientes o que eles realmente desejam.

> Trata-se do repensar fundamental e da reestruturação radical dos processos que visam alcançar drásticas melhorias em indicadores críticos e contemporâneos de desempenho tais como custos, qualidade, atendimento e velocidade.
>
> (Hammer e Champy, 1994:21-22)

A reengenharia não parte dos processos existentes. Os planejadores do novo processo devem perguntar a si mesmos: "Sem nos preocuparmos com a maneira pela qual alcançamos esse objetivo no passado, qual a melhor maneira possível de consegui-lo agora?" (Davenport, 1994:12).

Os esforços de reengenharia em geral têm quatro grandes ingredientes:

- grande foco nos clientes da organização (internos e externos);
- repensar fundamental, na organização, dos processos que lidam com melhorias na produtividade e tempo dos ciclos (conhecido como melhorias de processos ou reengenharia do processo de negócios);
- reorganização estrutural, que, tipicamente, quebra hierarquias funcionais, criando times multifuncionais, com formação de grupos e atividades de desenvolvimento organizacional;
- sistemas de mensuração e novas informações que usam a última palavra em tecnologia para direcionar a distribuição de dados e tomadas de decisão, como tecnologia da informação e qualidade.

Para se entender o conceito de reengenharia deve-se prestar atenção às palavras-chave do texto apresentado, de Hammer e Champy (1994), que permitem compreender mais claramente a amplitude do processo.

- *fundamental* — por que se faz isso? Por que se faz dessa forma?

- *radical* — não introduzir mudanças superficiais ou conviver com o que já existe, mas jogar fora o antigo; desconsiderar todas as estruturas e procedimentos existentes e inventar formas completamente novas de realizar o trabalho;
- *processos* — como é o processo? Quanto custa o processo?
- *drástica* — reengenharia não diz respeito a melhorias marginais ou de pequenas quantidades, mas a saltos quânticos de desempenho.

Objetivo

A reengenharia pode ser vista como um conjunto de medidas que visam, quando bem empregadas, a otimização dos métodos e processos organizacionais, reduzindo custos e aumentando a produtividade de forma radical.

A reengenharia repensa a maneira de desenvolver o trabalho dentro das empresas e não simplesmente a melhoria dos processos existentes. Muda o processo completamente, para que fique lógico, eficiente e orientado pela vocação das organizações.

Metodologia

Considerando os aspectos apresentados, têm-se as seguintes etapas de aperfeiçoamento dos negócios:

- desenvolver visão de processo;
- identificar a questão crítica do negócio;
- selecionar o processo crítico;
- compreender o processo — desenvolver os mapas de relacionamentos e de processos que descrevam o estado atual do processo;
- redefinir o processo — desenvolver um mapa ideal de processos;
- visualizar, projetar e implementar novo processo.

Um grande instrumento para a identificação, a análise e a implementação de melhorias é o mapeamento das atividades através de uma abordagem gráfica, na qual se acompanha passo a passo todas as etapas do processo. Inexiste uma padronização gráfica para os diversos componentes de um mapeamento dos processos, podendo-se utilizar os mesmos símbolos do fluxograma, ou criar nova simbologia para os "balões" de ação de trabalho, saída, conector etc., desde que coerentes entre si (figuras diferentes para ações diferentes).

A reengenharia promove ações radicais quando não é possível aguardar por melhorias contínuas, graduais ou até mesmo por esforços advindos da prática de *benchmarking*, no qual o que se identifica de melhor no mercado nem sempre pode ser adaptado ao que se tem hoje em dia.

Análise de valor

Histórico

Resultado dos esforços das nações envolvidas na II Guerra Mundial, em especial os EUA, a análise de valor surgiu ante a necessidade de se substituir componentes e matérias-primas que, por causa da guerra, estavam escassos. Após o término da guerra verificou-se que os produtos novos, ou seja, aqueles que haviam incorporado as novas soluções, tinham desempenho superior aos originais. Por isso, apesar da disponibilidade de materiais e matérias-primas no pós-guerra, já não se justificava retornar ao processo de fabricação anterior.

No fim dos anos 1940, o engenheiro Lawrence Miles desenvolveu um conjunto de técnicas apoiadas na observação das funções dos produtos. Sua concepção foi criar um método de trabalho que, independentemente de causas externas — como a escassez de produto, levasse as empresas a pensar, de forma sistemática, no processo de fabricação de seus produtos, nos componentes existentes neles, nas funções desempenhadas, procurando, em última análise, otimizar os resultados, mediante a redução dos custos de fabricação, mas sem nunca deixar de atender às funções essenciais, ou, melhor dizendo, sem perder a qualidade.

Em meados da década de 1950, o sucesso obtido com o método fez com que este fosse incorporado a outras atividades. A filosofia de seu uso se expandiu para a área de desenvolvimento de projetos, sendo essa aplicação normalmente denominada engenharia de valor. Nos dias atuais, o processo assumiu novas e maiores dimensões, não se limitando tão somente à função do produto ou ao projeto do produto, mas também se estendendo à reavaliação de atividades administrativas nas organizações — o que se convencionou chamar de *gerenciamento de valor*. Pela similaridade da metodologia, aqui será utilizado apenas o termo genérico *análise de valor* como referência às diferentes aplicações dessa metodologia.

O marco do processo de difusão desse método nos EUA foi o esforço desencadeado pela Associação das Indústrias Eletrônicas (EIA) no fim dos anos 1950, pois foi no âmbito dessa associação que surgiu a base para a criação da Sociedade Americana de Análise de Valor (Save) em 1959.

A aplicação mais sistemática desse método deveu-se, em boa medida, à busca de melhores resultados por parte dos empresários. A *análise de valor* irradiou-se em variadas direções, alcançando não só organizações privadas, como também governamentais e de serviços. Essa expansão se deu a partir de seminários, cursos, artigos, além de compêndios abordando especificamente o tema. Desde então ganhou o mundo, tendo o seu êxito em cada país sido maior ou menor na razão direta do apoio governamental e do auxílio de associações técnicas, paralelamente ao treinamento.

Conceito

O conjunto de técnicas denomina-se *análise de valor* quando aplicado a produtos acabados, *engenharia de valor* quando empregado em novos projetos, e *gerenciamento de valor* quando conduzido em atividades administrativas. A engenharia de valor tem natureza sobretudo preventiva, por minimizar custos previsíveis, que pesariam sobre o produto durante seu ciclo de existência. Mas a utilização eficaz da engenharia de valor não evita, de modo algum, um trabalho posterior pautado na análise de valor.

Em suma, análise de valor constitui uma aplicação sistemática de técnicas com o objetivo de identificar as funções do objeto em estudo, estabelecer o valor dessas funções e provê-las ao menor custo possível, sempre garantindo nível de qualidade igual ou superior ao do produto inicial.

Objetivo

O método visa reduzir custos, principalmente os de produção, elevar os níveis de qualidade do produto e, consequentemente, o grau de satisfação dos clientes, o *market-share* e os resultados organizacionais. Visa também contribuir para a valorização e a motivação dos colaboradores na elaboração de soluções inovadoras, e para a compreensão, por todos, das funções que são importantes para os clientes do produto em estudo.

Metodologia

Inicialmente, é importante identificar algumas características e elementos do método para que se entendam mais claramente a metodologia do trabalho e os passos para sua implementação.

O método tem como principais características:

- *pensamento na função* — preocupação em entender as funções do objeto em estudo e de que forma estão relacionadas com as necessidades dos clientes;
- *quantificação dos objetivos* — preocupação em traçar uma meta inicial, um objetivo; por exemplo: redução de custos de 20%;
- *trabalho em equipe* — preocupação em trabalhar com pessoas (especialistas) de diversas áreas, de forma interdisciplinar;
- *criatividade* — preocupação em criar um ambiente propício ao uso da criatividade para lidar com os paradigmas existentes;
- *sistematização do trabalho* — preocupação em seguir uma metodologia entendida por todos, a fim de garantir um bom resultado.

Quanto aos principais elementos, destacam-se: objeto, função, custo e valor, que serão discriminados a seguir.

Objeto. Em análise de valor, objeto é um bem ou serviço, projeto ou processo de trabalho em estudo.

Função. Em análise de valor, funções são as tarefas ou atributos que os objetos procuram desempenhar ou de que são dotados. Devem ser descritas por um verbo acompanhado de um substantivo, como "armazenar conteúdo" (pote), "conduzir corrente elétrica" (fio), "conservar alimentos" (geladeira). O objetivo dessa descrição é permitir que o grupo busque, oportunamente e de modo criativo, produtos substitutos.

Quanto ao uso, as funções podem ser classificadas em:

- *funções de uso* — relacionadas com o valor de uso, como "conduzir energia" (fio) e "permitir assento" (cadeira);
- *funções de estima* — relacionadas com o valor de estima do produto para os clientes, não sendo, em geral, mensuráveis, como "criar status" (cadeira).

Quanto à classe, as funções podem ser classificadas em:

- *função principal* — relacionada com a razão principal da existência do produto; por exemplo, no objeto cadeira, a função principal seria "permitir assento";
- *função secundária* — relacionada com as funções que têm por objetivo auxiliar ou expandir o desempenho da função principal. As funções secundárias podem ser subdivididas em *necessárias* (que não podem ser suprimidas), *desnecessárias* (que podem ser suprimidas por não alterarem a utilidade, nem a estima do objeto) e *acessórias* (que se caracterizam por permitirem novos usos do objeto em estudo). No exemplo do objeto cadeira, identificam-se as funções secundárias "suportar peso" (necessária), "servir de escada" (desnecessária) e "pendurar roupa" (acessória).

Custo. De modo geral, o custo representa a avaliação dos insumos e processos necessários para a produção de um bem ou serviço. Em análise de valor, o ganho de redução de custos dos elementos que entram na composição dos custos de produção deve ser obtido após o estudo das funções desempenhadas por estes.

Valor. Em análise de valor, consideram-se basicamente quatro tipos de valor (Csillag, 1995):

- *valor de uso* — relacionado com as funções que o objeto deve cumprir;
- *valor de estima* — relacionado com o poder que o objeto exerce sobre as pessoas e que as leva a desejar possuí-lo; está associado à atratividade;
- *valor de custo* — soma dos custos necessários para a produção do objeto;
- *valor de troca* — soma dos valores de uso e de estima, que permite a venda (troca de espécie por objeto) pelo cliente

Pode-se aumentar o valor do objeto, atuando de diferentes maneiras, a saber:

F ↗
== Adicionando mais funções e mantendo o custo inalterado
C →

F →
== Mantendo o número de funções e reduzindo o custo
C ↘

F ↑
== Aumentando muito as funções e pouco o custo
C ↗

F ↗
== Aumentando as funções e reduzindo o custo
C ↘

F ↘
== Reduzindo pouco as funções e muito o custo
C ↓

Esta última maneira, entretanto, deve ser, em geral, evitada. O cliente não vê com bons olhos a redução de funções, a não ser que sejam funções realmente desnecessárias.

Com relação à metodologia empregada na elaboração do projeto de análise de valor, verifica-se uma multiplicidade de autores e modelos, mas todos pregam a elaboração de um plano de trabalho e entendem ser o método um instrumento de planejamento. Um dos motivos que justifica a necessidade desse planejamento é o fato de que propiciará o acompanhamento e o controle de todo o processo. A disponibilidade de registros suficientes aumenta a eficácia no desenvolvimento das atividades associadas à análise de valor.

A seguir, de forma resumida, temos um roteiro das possíveis etapas de desenvolvimento de um projeto de análise de valor. Cada uma dessas etapas possui um objetivo específico, não se devendo começar uma fase sem que a anterior tenha sido concluída.

- *Etapa preparatória:*
  - escolher o objeto;
  - selecionar o grupo de trabalho;
  - determinar a meta de redução de custos;
  - planejar as atividades;
  - traçar o cronograma.
- *Etapa informativa:*
  - colher informações sobre o objeto e suas partes;
  - determinar o custo e a função das partes;
  - traçar diagrama da árvore.
- *Etapa crítica:*
  - selecionar as funções representativas do objeto;
  - estabelecer o custo real de cada função escolhida;
  - valorar cada função.
- *Etapa criativa:*
  - gerar soluções alternativas.
- *Etapa analítica:*
  - analisar e selecionar as soluções;
  - desenvolver estudo de viabilidade técnica e econômica.
- *Etapa de implantação:*
  - desenvolver a solução e sua implantação;
  - implantar e medir os resultados;
  - realimentar o sistema com informações.

A etapa inicial, batizada de *preparatória*, consiste em adotar as providências preliminares necessárias para o desenvolvimento do projeto de análise de valor. Procede-se à seleção do objeto, optando-se, em geral, por objetos de custo mais elevado, embora se possa adotar outros critérios, tais como volume de vendas e defeitos, por exemplo. Nesse momento também ocorre a formação do grupo de trabalho multidisciplinar, tendo por base a observância de alguns requisitos, como interesse, conhecimento do objeto, disponibilidade de tempo, entre outros. O número de indivíduos por grupo pode variar, ressaltando-se, entretanto, que equipes de cinco a oito pessoas têm apresentado resultados significativamente satisfatórios. Constituído o grupo, este efetuará a previsão da redução de custo pretendida e planejará as próximas atividades, estabelecendo um cronograma de trabalho.

A etapa seguinte, a *informativa*, prevê a obtenção de dados sobre o objeto e suas partes. A equipe deve identificar os custos e as funções das partes que compõem o produto, determinando sua classificação em funções principais ou secundárias — necessárias, desnecessárias ou acessórias —, bem como seu agrupamento em funções de uso ou de estima. Ao final dessa etapa, é elaborado um diagrama, do tipo árvore, com o propósito de facilitar a visualização do relacionamento entre as funções, bem como de identificar o grau de importância de cada uma.

A etapa *crítica* é qualificada como uma das mais representativas da análise de valor, visto que nessa fase é que se realiza a comparação do custo estimado das funções com o seu valor sugerido. Atribuir custos requer da equipe bom conhecimento do objeto, ao passo que valorar funções exige a percepção (a mais real possível) do valor que o cliente atribui a cada função desempenhada pelo produto. Assim, do mesmo modo que a abordagem do custo deve espelhar a ótica do fornecedor, a valoração das funções deve demonstrar o valor das funções para os clientes. Para a consecução de seu propósito, essa etapa inclui a seleção das funções a serem mensuradas sob as óticas dos custos e do valor. O custo total do produto (normalmente obtido pelos processos de custeio tradicionais das empresas) deve ser alocado às funções que o produto exerce para os clientes. Com relação à mensuração, via valor das funções (entendido valor como custo ideal para a função), deve-se estabelecer o valor de cada função a partir da opinião dos clientes. Normalmente é utilizada uma tabela matricial, que compara as funções desempenhadas pelo produto em estudo, para que os clientes apontem, comparando pares de funções, aquelas que lhes são mais importantes. Com os dados apurados, deve ser processada a comparação do custo tradicional com o ideal (valor) de cada função, visando apurar a margem de redução potencial do custo original, estabelecendo-se, enfim, a prioridade entre as funções de modo a orientar o trabalho na etapa seguinte.

O processo encontra-se, agora, na fase *criativa*, na qual o grupo deve gerar uma gama de ideias, de modo a identificar outros materiais e componentes que poderiam, a custos menores, atender àquelas funções selecionadas como prioritárias na fase anterior; normalmente utiliza-se o *brainstorming*.

À fase consecutiva, a *analítica*, cabe o estudo das soluções encontradas, elegendo-se as melhores, que passam à etapa de implantação. A seleção pode alicerçar-se em diversos critérios, como exequibilidade, produtividade, satisfação do cliente, entre outros. As soluções preferidas devem ser submetidas a testes de conteúdo técnico e econômico para se verificar sua viabilidade.

Por fim, a sexta e última etapa, a de *implantação*, requer que a solução destacada na fase anterior seja aperfeiçoada, implementada e reavaliada. Ressalta-se a necessidade de planejamento específico para essa fase, em que é gerado um cronograma de implantação, que deve se apoiar no engajamento de diversos setores da organização.

Outros métodos

Além dos métodos já vistos, podem-se citar ainda os que seguem:

Hoshin kanri (gerenciamento pelas diretrizes)

É um método de responsabilidade da alta administração e necessita da participação de todos os colaboradores no sentido de garantir a sobrevivência da empresa através da utilização combinada dos gerenciamentos funcional e interfuncional. Um aspecto muito importante do *hoshin kanri* é a dependência de um bom sistema de informações que garanta que os objetivos estratégicos da alta direção sejam consistentemente desdobrados por toda a empresa (*top-down*) e os resultados dos processos sejam reportados de volta (*bottom-up*) para servir de subsídio ao planejamento. Uma das ferramentas mais utilizadas, atualmente, nesse desdobramento é o *balanced scorecard* (BSC). Em associação ao *balanced scorecard* deve-se utilizar o método de melhoria de processo PDCA, com vistas a alcançar as metas desdobradas mediante a melhoria contínua dos processos da organização.

FMEA (failure modes and effects analysis)

A *análise dos modos e efeitos de falhas* é um método para se determinar todos os modos possíveis de falhas e seus efeitos, avaliando sistematicamente o comportamento do processo com o objetivo de prevenir tais ocorrências na produção de bens e serviços. Além de identificar falhas potenciais, tem o propósito de determinar o grau dos efeitos a elas associados. O método permite a identificação das características críticas e das características significativas no projeto e planejamento do bem ou serviço, de modo a prevenir possíveis falhas. A FMEA pode ser dividida em três tipos:

- *system FMEA* — busca a identificação e a quantificação das falhas associadas às funções de um sistema;
- *design FMEA* — serve para analisar um projeto de produto antes que este seja liberado para produção;
- *process FMEA* — analisa os processos de fabricação de bens ou de prestação de serviços de modo a identificar as características críticas e as características significativas.

FMA (failure mode analysis)

A *análise de modo de falhas* é uma abordagem sistemática para quantificar os modos de falhas, a "criticidade" das falhas e determinar as causas fundamentais de falhas conhecidas. A FMA baseia-se em informações históricas do tipo: dados de garantia do produto, dados relativos ao uso do produto, dados relativos à prestação do serviço e dados do processo. É usada para identificar e quantificar ações corretivas a fim de eliminar ou controlar as causas fundamentais de problemas existentes em processos, produtos ou serviços.

DOE (design of experiments)

É um método para se determinar as variáveis e seus efeitos num processo ou produto. Mediante o uso de um ambiente controlado, estudam-se as variáveis independentes relacionadas a um processo, de acordo com um plano predefinido, e determinam-se seus efeitos. Utiliza-se uma abordagem estatística para estabelecer a relação entre as variáveis que representam as causas dos efeitos indesejados, sua potencialidade e as possíveis interações que afetarão o processo em questão.

8

Qualidade em projetos

Muitas vezes a aplicação de conceitos de gerenciamento de qualidade e a implantação de sistemas de gestão de qualidade em organizações que desenvolvem projetos têm sido percebidas como fontes de conflito. Entretanto, a visão sistêmica da qualidade, em conjunto com as ferramentas da qualidade, permite melhorar as condições de sucesso dos projetos, minorando os riscos e facilitando seu monitoramento.

Qualidade e projetos

Os sistemas de gestão da qualidade foram inicialmente desenvolvidos em organizações onde procedimentos repetitivos facilitaram a análise de processos, sua padronização e consequente melhoria, como na indústria de série. Entretanto, há muitos setores voltados ao desenvolvimento de produtos exclusivos e, neste caso, a organização por projeto revelou-se muito competitiva no contexto dinâmico atual, em que a capacidade de desenvolver produtos inovadores é fator de sucesso.

Projetos são empreendimentos exclusivos, necessitando de uma abordagem específica para o gerenciamento da qualidade, preservando seus conceitos essenciais. A família de normas ISO 9000 veio facilitar a abordagem da qualidade em projetos, pois consolidou uma visão de processos, também considerada na metodologia apresentada no *A guide to the project management body of knowledge — PMBOK® Guide*, do Project Management Institute, PMI. Por sua vez, a norma ISO 10006 (Gerenciamento da qualidade — Diretrizes para a qualidade em gerenciamento de projetos) veio complementar a aplicação dos conceitos da qualidade de modo bastante próximo ao preconizado pelo *PMBOK®* (2008).

Assim como vemos a organização como um macroprocesso, com entradas e saídas, também um projeto pode ser entendido como um grande processo, com entradas e saídas bem-definidas. Sempre que isto se caracteriza podemos estabelecer controles, de modo a verificar se estes processos estão sendo eficazes e eficientes, aplicando o conceito do ciclo PDCA. Embora projetos sejam por natureza únicos, verifica-se que existem atividades que se repetem e que, numa organização de projetos, ocorrem de modo similar em diferentes empreendimentos. Ou seja, mesmo em projetos haverá a sequência de planejamento, execução, verificação e análise — o ciclo principal do conceito do gerenciamento da qualidade.

Além disso, um projeto é desenvolvido no âmbito de uma organização, que pode ser temporária mas, na maior parte dos casos, é permanente e deve ter suas diretrizes da qualidade. A relação entre o projeto e esta organização é o primeiro ponto a ser considerado. Ele pode estar inteiramente inserido em uma organização ou pode ser compartilhado entre diversos parceiros, com diferentes graus de associação. Esta relação deve ser considerada ao analisarmos e planejarmos a qualidade neste projeto. Planos de qualidade de um projeto podem se desdobrar em procedimentos, à semelhança do sistema de qualidade da organização.

Se o projeto é compartilhado entre organizações, o sistema da qualidade (SGQ) também o será. Se houver uma organização predominante, é possível que ela coloque como referência o seu sistema de gestão da qualidade. Já no caso de um maior equilíbrio entre parceiros, será necessário compatibilizar os sistemas, definindo-se as atribuições e responsabilidades de cada um. O sistema da qualidade resultante, mesmo mantendo certo grau de individualidade, será composto por contribuições de cada parceiro, como mostra a figura 22.

Figura 22

Articulação entre SGQ e o projeto

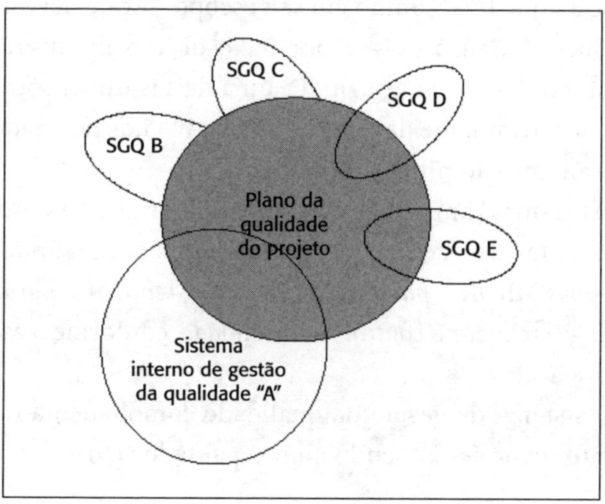

Do mesmo modo, há que discernir duas dimensões da qualidade no projeto: a primeira se relaciona com a qualidade dos resultados (produtos) do projeto, vinculando-se ao ciclo de vida do produto do projeto; a segunda volta-se para a qualidade dos processos internos do projeto, enfocando os processos de gerenciamento na fase de concepção e desenvolvimento do produto.

Em outras palavras, temos:

- a dimensão da qualidade do *produto do projeto*, representada pela conformidade de suas propriedades e funções diante dos requisitos definidos pelo cliente e demais *stakeholders*;
- a dimensão da qualidade *do processo de projeto*, ou *o trabalho que deve ser feito,* com o objetivo de obter um produto de acordo com as funções especificadas, no qual os requisitos de eficiência e eficácia são determinantes para a avaliação de conformidade.

A qualidade geral do projeto será avaliada pela sua conformidade ao que foi definido em seu escopo — que deve abordar estas duas dimensões — e por meio de um monitoramento sistemático. Falhas em qualquer uma destas dimensões repercutem negativamente de modo significativo nos resultados e no gerenciamento do projeto.

Estas duas dimensões devem se refletir nos três processos componentes do gerenciamento da qualidade, segundo a metodologia *PMBOK®*: *planejar a qualidade*, *realizar a garantia da qualidade* e *realizar o controle da qualidade*, conforme o esquema da figura 23.

O sistema de gestão da qualidade complementa o gerenciamento de projetos, sendo ambos pautados em:

- atender às necessidades dos clientes;
- privilegiar a prevenção de defeitos ao invés de correções;
- atribuir a responsabilidade pela gestão da qualidade à alta direção ou gerente do projeto;
- buscar a melhoria contínua.

Figura 23

PROCESSOS DO GERENCIAMENTO DA QUALIDADE

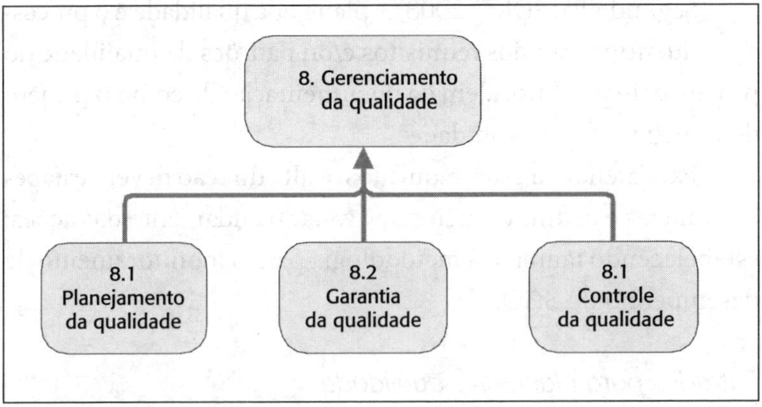

Fonte: Adaptado de *PMBOK®* (2008).

No gerenciamento de projetos, o primeiro aspecto vincula-se diretamente à definição de escopo do seu produto. Ele deve evidenciar quais serão os objetivos da qualidade do produto do projeto, descrevendo as necessidades, explícitas e implícitas, em termos de requisitos, na forma como foram aceitas pelas partes interessadas (*stakeholders*).

Por necessidades implícitas compreendem-se as exigências legais e regulamentares, aspectos e características comuns ou esperados de desempenho e funcionalidades para o produto, bem como aspectos e características desejáveis para a função, que, embora não declarados pelo cliente, sejam de interesse da organização. Por exemplo, um projeto que busque a excelência deve identificar quais são os diferenciais do produto ou serviço que a caracterizam do ponto de vista do público-alvo, mesmo que tais diferenciais não estejam claramente expostos. Uma vez caracterizados e aceitos como requisitos, passam a compor o escopo do projeto.

Planejar a qualidade

Segundo *PMBOK®* (2008), "planejar a qualidade é o processo de identificação dos requisitos e/ou padrões de qualidade do projeto e do produto, além da documentação de como o projeto demonstrará a conformidade".

Para atender a estes requisitos, a alta direção deverá estabelecer metas e definir os meios de avaliar o andamento das ações, estabelecendo também a metodologia para o monitoramento de desempenho do SGQ.

Entradas para planejar a qualidade

O planejamento da qualidade é parte do planejamento geral do projeto e deve ser realizado em paralelo com os demais processos de planejamento, tomando por base:

- a linha de base do escopo;
- as partes interessadas;
- o registro de riscos;
- a linha de base do cronograma;
- a linha de base de desempenho de custos;
- os fatores ambientais da organização;
- os ativos de processos organizacionais.

A ponderação destes aspectos varia conforme o contexto do projeto. Por exemplo: alterações nas metas de qualidade do produto podem afetar os prazos e os custos.

A partir da definição do escopo, o planejamento da qualidade estipula as metas para as duas dimensões da qualidade envolvidas, definindo seus respectivos prazos e objetivos mensuráveis ao longo do desenvolvimento do projeto.

As metas da qualidade do projeto devem ser derivadas do seu planejamento estratégico, no qual os critérios competitivos estarão identificados, como exemplifica a figura 24.

Figura 24

HIERARQUIA LÓGICA NO MONITORAMENTO

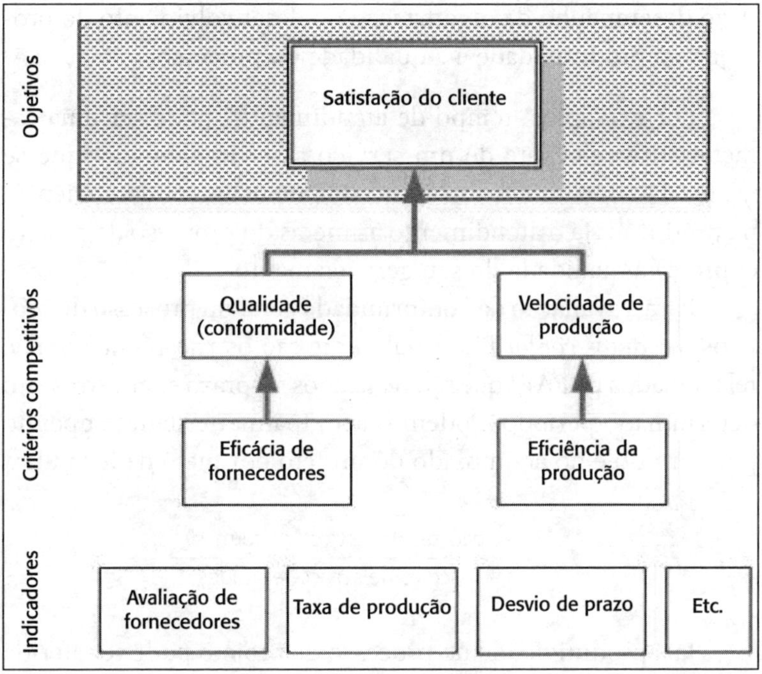

A partir dos objetivos estratégicos, são identificados os critérios competitivos, aspectos da produção que são vinculados a estes. Por exemplo, a satisfação do cliente deriva da qualidade do produto e da entrega rápida. Estas características resultam da eficácia dos fornecedores e da eficiência na produção, que podem ser monitoradas, respectivamente, por processos de avaliação de fornecedores e pela taxa de produção e desvios nos prazos, entre outros indicadores.

As metas devem ser vinculadas às duas dimensões da qualidade do projeto, ou seja:

- aos produtos do projeto — como o cliente percebe a qualidade de produto, condições de preço e serviços associados. Note-se que o preço muitas vezes é limitado pela produtividade no processo de fabricação ou desenvolvimento;
- ao desempenho da organização no desenvolvimento do projeto, à produtividade e à qualidade do processo.

Por exemplo: "tempo de atendimento" pode ser uma característica relevante de um serviço a ser implantado, que se traduz facilmente em um indicador mensurável de eficiência na produção. Já o atendimento às metas do processo de projeto expressa a qualidade do seu gerenciamento.

Para a avaliação da conformidade geral no processo de projetos, *produtos conformes* usualmente são os *pacotes de serviço*, relacionados na EAP,[1] que são realizados no prazo e sem erros, em determinado período. Podemos acompanhar este desempenho por período e no acumulado do projeto por meio da fórmula:

$$\frac{\text{\% pacotes de serviço ``conformes''}}{\text{\% pacotes de serviço realizados}}$$

Já a produtividade no processo de projeto pode ser aferida mensurando-se os recursos aplicados no projeto e comparando-os aos produtos de cada etapa. Recursos em geral serão aferidos em R$ ou Hh (homem-hora). Já o produto do projeto às vezes é mais subjetivo, adotando-se a etapa concluída (se repetitiva), ou o volume de documentos, ou a percentagem de realização dos serviços projetados, por exemplo.

Uma baixa qualidade do projeto costuma ter origem em escopos maldefinidos ou maldetalhados, levando também a pro-

[1] Estrutura analítica do projeto ou WBS (*work breakdown structure*).

blemas de interpretação. Isto não só afeta o produto do projeto como dificulta seu gerenciamento, levando a erros e a baixa produtividade da equipe. Daí a importância de estabelecer metas bem-definidas, coerentes com o planejamento estratégico e facilmente mensuráveis. A medição do atendimento às metas deve ser realizada através de conjunto de indicadores de desempenho, como descrito nas métricas da qualidade (ver capítulo 5).

Entre os demais fatores a serem considerados no processo de planejar a qualidade destacam-se os fatores ambientais, que incluem requisitos de agências reguladoras, normas ambientais, de produtos e de processos produtivos. Já os ativos organizacionais, estes podem prover o projeto de procedimentos e experimentos já avaliados, lições aprendidas de outros projetos. Da mesma forma todo o sistema de qualidade da organização, que deve servir de base para o planejamento da qualidade no projeto.

Ferramentas para planejar a qualidade

O *PMBOK®* lista diversas ferramentas da qualidade que podem ser aplicadas ao processo de planejar a qualidade: análise de custo-benefício, custos de qualidade, gráficos de controle, *benchmarking*, projetos de experimentos (DOE), amostragem estatística, fluxogramas, assim como metodologias proprietárias, como o seis sigma, QFD etc. Na verdade, a visão de processo aplicada aos projetos permite a utilização de uma multiplicidade de ferramentas e técnicas, descritas no capítulo 6. A especificidade de sua aplicação ao ambiente de projeto deriva apenas do caráter único deste, em decorrência do qual muitas vezes faltam referências anteriores para a análise de resultados, sendo necessário utilizar aproximações ou casos parecidos, porém raramente iguais. Ao transcrever referências de um contexto para outro é comum ocorrerem erros, pois nem sempre os efeitos do ambiente sobre os resultados estão bem-descritos nos históricos. Por exemplo, a metodologia de mensuração de produtividade nem sempre descreve as condições reais de produção e, ao estabelecermos uma meta em um projeto, este é um aspecto crucial.

Saídas do processo de planejar a qualidade

Os resultados do processo de planejar a qualidade são: o plano de qualidade do projeto, as métricas de qualidade do projeto, as listas de verificação, o plano de melhoria de processo e atualizações da documentação do projeto.

O plano de qualidade do projeto é um componente do plano de gerenciamento do mesmo. Seu nível de detalhamento pode variar bastante conforme a maior ou menor formalidade do projeto. Pode ser apresentado de diversos modos, sendo conveniente uma consulta à norma NBR ISO 10005 (Sistemas de gestão da qualidade — Diretrizes para planos da qualidade), que apresenta um roteiro de referência para sua execução e alguns exemplos. Como regra geral eles devem conter as metas ou padrões de qualidade, as atividades necessárias para garantir que estes sejam atingidos, os responsáveis por tais atividades e os procedimentos recomendados para elas. Estes planos devem ser cuidadosamente revisados, de modo a garantir que estejam baseados em dados precisos e apresentem metas factíveis, compatíveis com a análise de custo-benefício.

Um plano de qualidade detalhado inclui a descrição das metas do projeto em suas diferentes dimensões, o modo como os padrões serão mensurados e aferidos, que tolerâncias devem ser admitidas, podendo estender-se à análise do impacto sobre os custos. Estas descrições constituem as métricas de qualidade específicas do projeto. Por exemplo, podem incluir aspectos de desempenho no atendimento, confiabilidade ou previsão de nível de serviço tanto para o processo do projeto, considerando seus clientes internos e externos, quanto para os produtos do projeto.

Já as listas de verificação resumem os pontos onde um conjunto de requisitos pode ter sua conformidade aferida. Podem ser relativamente simples ou incluir a avaliação de procedimentos complexos. Elas serão fundamentais na realização do controle da qualidade.

O plano de melhoria de processo também se insere no plano de gerenciamento do projeto e define onde devem ser realizadas as análises visando a melhoria de desempenho. Podem ser pontos específicos do projeto *gateway* previamente definidos ou estar vinculados a eventos, inclusive auditorias da qualidade.

Finalmente, todo o planejamento da qualidade realimenta o conjunto de documentos do projeto, que deve ser atualizado para garantir sua consistência, em especial quanto à definição de responsabilidades das partes interessadas, como mostrado na figura 25.

Figura 25

ESQUEMA GERAL DO PROCESSO DE PLANEJAR A QUALIDADE

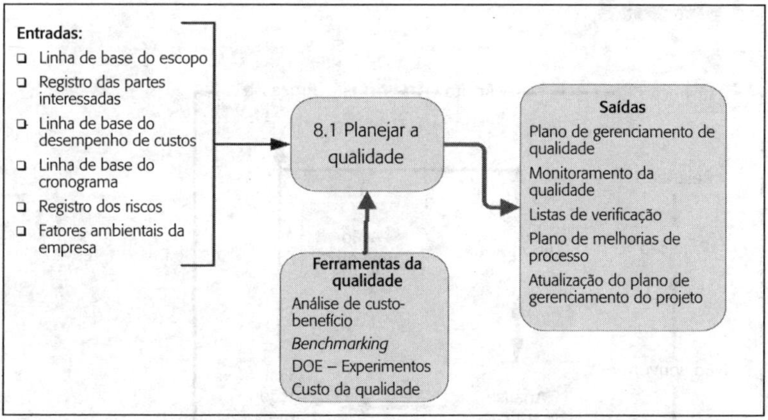

Fonte: Adaptado do *PMBOK*® (2008).

Realizar a garantia da qualidade

Segundo o *PMBOK*® (2008), "o processo de garantia da qualidade é o processo de auditoria dos requisitos de qualidade e dos resultados das medições do controle da qualidade para garantir que sejam usados os padrões de qualidade e definições operacionais apropriadas".

O conceito de garantia da qualidade está vinculado aos riscos potenciais da não qualidade. Envolve a definição de um sistema de processos e seus controles que levam à confiabilidade da produção, envolvendo recursos humanos e abordando a qualidade desde a fase de concepção do produto. Os requisitos da ISO 9001 constituem o arcabouço deste sistema de garantia da qualidade, e suas regras principais estão esquematizadas na figura 26.

Figura 26

ESQUEMA DA GARANTIA DA QUALIDADE

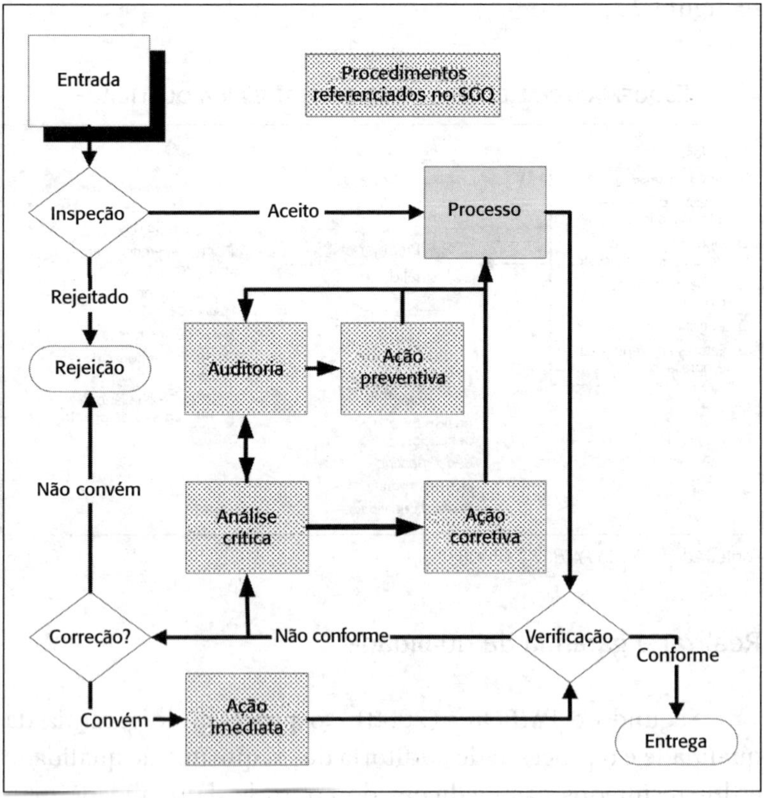

Neste fluxograma, válido para os *processos críticos*[2] da organização, vemos que suas entradas devem ser inspecionadas, as saídas devem ser verificadas e, no caso de ocorrerem não conformidades, devem ser realizadas as ações corretivas e a análise crítica, resultando em ações preventivas.

Entradas e ferramentas para realizar a garantia da qualidade

O esquema geral do processo da garantia da qualidade está representado na figura 27.

Figura 27

GARANTIA DA QUALIDADE

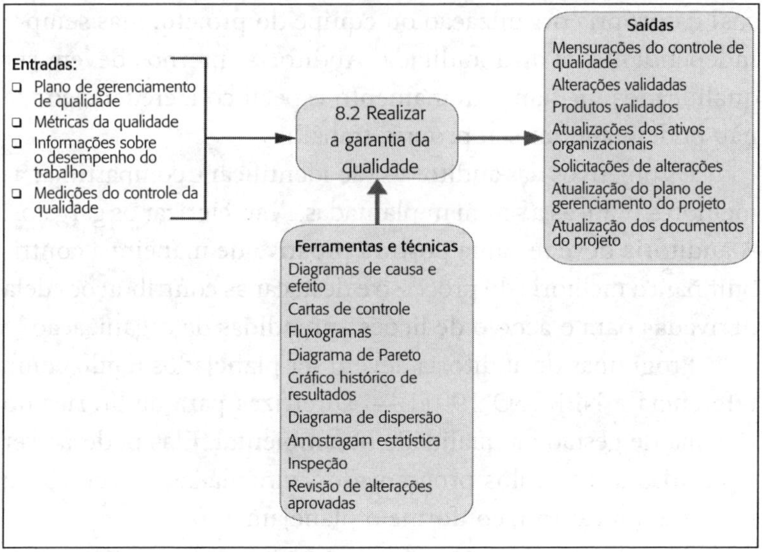

Fonte: Adaptado de *PMBOK®* (2008).

---

[2] Aqueles que têm um grande potencial de afetar os resultados do processo, seja devido ao custo, seja devido aos riscos.

Seu desenvolvimento baseia-se nas diretrizes do plano de gerenciamento da qualidade, no qual as atividades da garantia e do plano de melhoria de processo estão descritas, As métricas de qualidade e os dados de monitoramento de desempenho do projeto estabelecem as bases de avaliação para a auditoria, principal ferramenta deste processo. As auditorias incluem análise de processos e outras ferramentas da qualidade cabíveis.

Auditorias da qualidade constituem-se em uma revisão independente e estruturada dos resultados das atividades, para avaliar se os resultados do projeto, ou de processos, estão alinhados com as políticas e metas definidas. Elas são também uma exigência da ISO 9001. Podem ser externas, ou de terceira parte, em geral contratadas com um organismo de certificação credenciado (OCC) como parte do planejamento de implantação da norma, ou podem ser internas, quando realizadas pelo pessoal da própria organização ou equipe do projeto, mas sempre independente da área auditada. Auditores internos devem ser qualificados mediante treinamento específico e credenciado, e não podem auditar seu próprio trabalho.

Os objetivos das auditorias são identificar e compartilhar as melhores práticas a serem implantadas e caracterizar os gargalos. A auditoria deve ter uma postura proativa de maneira a contribuir para a melhoria do processo e destacar as contribuições dela derivadas para o acervo de lições aprendidas da organização.

Programas de auditoria devem ser planejados tendo como referência a NBR ISO 19011 — Diretrizes para auditorias do sistema de gestão da qualidade ou ambiental. Elas poderão ser realizadas a intervalos programados, vinculadas a eventos ou ter caráter aleatório, conforme o planejamento.

A análise de processo, descrita no capítulo 5, busca, com apoio das ferramentas de qualidade, descritas no capítulo 6, identificar no projeto as atividades que não agregam valor.

Os resultados da garantia da qualidade devem ser aplicados na atualização dos ativos organizacionais, do plano de gerenciamento de projetos e de todos os documentos do projeto que possam ser impactados por eles, tais como procedimentos de execução e treinamento, gerenciamento de prazos e custos etc.

O controle da qualidade

De acordo com o *PMBOK®* (2008), "realizar o controle da qualidade é o processo de monitoramento e registro dos resultados da execução das atividades de qualidade para avaliar o desempenho e recomendar as mudanças necessárias".

É um processo que perpassa todas as atividades do projeto, pois as metas e padrões de qualidade se estendem por todos os processos e produtos do projeto, assim como suas metas gerais de desempenho. Um bom sistema de controle da qualidade deve comparar os resultados atuais com os padrões definidos, atuar quando os padrões não forem alcançados e planejar melhorias. Espera-se como resultado o aumento da produtividade, a redução do custo efetivo e a redução dos riscos do projeto.

Note-se uma diferença entre a verificação do escopo — o processo de formalizar a aceitação do escopo do projeto pelas partes interessadas (*stakeholders*) — e o controle da qualidade. A verificação de escopo requer uma análise dos produtos do trabalho e resultados, para garantir que todos foram completados de maneira correta e satisfatória. Ela diferencia-se do controle da qualidade, pois está voltada para a aceitação dos resultados do projeto, enquanto o controle da qualidade se preocupa com a eficácia, no sentido de atingir a conformidade do produto nos parâmetros do projeto.

O controle da qualidade está baseado em critérios de medição e monitoramento e suas definições operacionais, que devem esclarecer especificamente o que é qualidade e como ela será mensurada no projeto. Esta descrição deve estar contida no plano de qualidade do projeto, parte integrante do seu plano de gerenciamento. É importante que se envolva toda a equipe nas atividades de verificação, que abrangem mensuração, análise e interpretação de resultados.

As atividades de verificação podem incluir:

- no processo de projeto:
  - lista de verificação (entradas e saídas);
  - validação de processo ou projeto;
  - indicadores de desempenho etc.
- no produto de projeto:
  - inspeção (lista de verificação);
  - ensaios;
  - avaliação de satisfação do cliente etc.

O esquema geral das entradas, ferramentas e saídas do processo de controle de qualidade preconizado pelo *PMBOK*® (2008) está representado na figura 28. Note-se que algumas saídas são comuns neste e no processo de realizar a garantia de qualidade, já ilustrado na figura 27.

Quanto às técnicas, são utilizadas com maior frequência as do conjunto conhecido como "sete ferramentas básicas da qualidade": o diagrama de causa e efeito, cartas de controle, fluxograma, histogramas, diagrama de Pareto, estratificação, diagrama de dispersão e amostragem estatística, descritos no capítulo 6. Além destas, são parte do controle a inspeção e análise de solicitações de alterações aprovadas.

Espera-se como saídas do controle da qualidade um conjunto de recomendações de ações corretivas e preventivas, atualizando-se o plano de gerenciamento do projeto e, se for o caso, os seus ativos. Registros devem ser mantidos de modo a permitir o rastreamento das decisões, bem como o atendimento dos requisitos da ISO 9000.

Figura 28

CONTROLE DA QUALIDADE

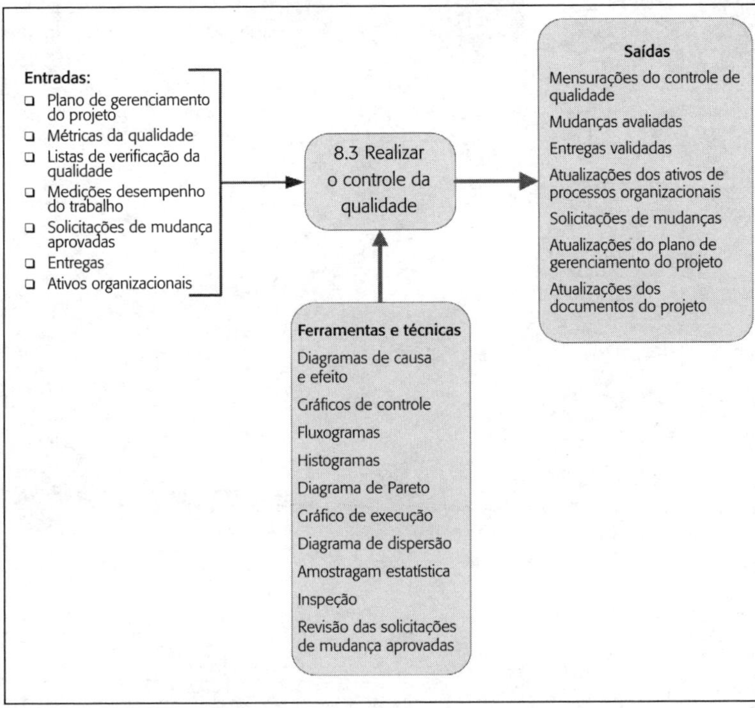

Fonte: Adaptado de *PMBOK*® (2008).

Conclusão

Ao longo deste livro, você pôde ver os caminhos que as organizações terão a oportunidade de percorrer com vistas a alcançar seus objetivos.

É inquestionável o fato de que são múltiplos os métodos e ferramentas que auxiliam na gestão da qualidade nas empresas e que não existe hierarquia entre eles, mas, sim, aqueles que melhor se adaptam às necessidades específicas e pontuais de cada organização.

Na economia de mercado vivenciada pelas empresas, sua sobrevivência só é possível quando alcançados determinados patamares de competitividade. Mas logo podem chegar à obsolescência se seus processos e sua gestão não forem reformulados continuamente.

Alguns fatores críticos norteiam quaisquer iniciativas de implantação de programas de melhorias, seja GQT, seja ISO 9000, seis sigma ou outro programa. Contudo, alguns são primordiais e precisam estar sempre na mente dos profissionais que conduzem mudanças nas empresas, objetivando o atingimento de suas visões. Entre eles, destacam-se:

- comprometimento da alta administração, uma condição essencial para qualquer iniciativa que vise a melhoria da qualidade e da produtividade;
- envolvimento das gerências intermediárias;
- cultura interna, que precisa ser levada em consideração;
- criação de um ambiente favorável à apresentação de sugestões e ideias;
- estímulo ao trabalho em equipe;
- treinamento, capacitação, conscientização e participação dos colaboradores;
- geração e divulgação de resultados;
- utilização da linguagem do negócio, evitando o excesso do jargão específico dos que trabalham na área da qualidade;
- divulgação e entendimento, pelos colaboradores, das diretrizes e estratégias organizacionais, bem como de suas metas, autonomia e responsabilidades;
- disseminação das informações de forma clara e objetiva;
- inserção das ferramentas e métodos de gestão no dia a dia da empresa.

Na verdade, não existe apenas um caminho como metodologia para a implantação do processo da qualidade que garanta o seu sucesso. O importante é considerar realmente todos os pontos primordiais citados e escolher aquele caminho que melhor se adapte ao negócio e à cultura da empresa. Não faz muita diferença se o caminho a ser seguido provém de determinada escola, estudioso, autor ou consultor. O importante é que, escolhido o caminho, o roteiro, este seja implementado com determinação e constância de propósito. Quanto mais adaptado à realidade da empresa e às suas condições, maior a probabilidade de sucesso.

Apenas para servir como balizadores e referência, e nunca como regra específica, apresentamos, como sugestão, alguns passos para a implementação da gestão baseada na qualidade.

- Fase de estruturação:
  - elaboração de diagnóstico e autoavaliação do sistema de gestão;
  - definição do comitê executivo, do coordenador e dos facilitadores internos.
- Fase de sensibilização:
  - sensibilização das pessoas com relação ao lançamento do programa;
  - treinamento e educação dos colaboradores em conceitos e ferramentas de gerenciamento;
  - lançamento do método de gestão 5S.
- Fase de implantação:
  - análise dos processos e estabelecimento dos padrões de trabalho por áreas;
  - implementação do gerenciamento de rotina e de melhoria;
  - incentivo às atividades em equipe, como círculos de controle de qualidade, times funcionais e multifuncionais;
  - criação de programas visando a participação de colaboradores na geração de ideias e inovações;
  - implantação de sistema de gestão, em conformidade com os requisitos da norma ISO 9001;
  - implantação de sistema de gestão, em conformidade com as orientações da norma ISO 9004;
  - identificação de oportunidades e aplicação de métodos específicos de gestão, tais como QFD, seis sigma, *benchmarking*, entre outros;
  - busca de atendimento do modelo de gestão baseado no PNQ, em sua versão simplificada (primeiros passos para a excelência);
  - busca de atendimento do modelo de gestão completo do PNQ.

- Fase de controle:
  - elaboração de diagnóstico de autoavaliação do sistema de gestão;
  - análise dos resultados e implementação de ações corretivas (rodar o PDCA).

Vale, porém, um alerta: as empresas, independentemente de seu porte e do mercado em que atuam, sabem que a excelência não se constrói sem o esforço e o empenho de uma equipe. Nessas condições, é inegável a importância do papel que os executivos e os colaboradores desempenham, pois são eles que irão desenvolver e implementar as estratégias organizacionais que conduzirão à excelência do desempenho organizacional.

A par de todas as temáticas apresentadas, é importante destacar que não se trata de modelos acabados. Na verdade, como apontado, uma série de outros aspectos também é abordada na gestão da qualidade. Adicionalmente, deve-se ressaltar a capacidade inovadora de estudiosos para o desenvolvimento de novos métodos específicos de gestão, com vistas ao aprimoramento das empresas.

Dada a amplitude da temática que contempla o desenvolvimento, a manutenção e a melhoria do sistema de gestão organizacional, com vistas ao reconhecimento, à prevenção e à superação das necessidades de todas as partes envolvidas — clientes, acionistas, fornecedores e sociedade em geral —, a gestão pela qualidade situa-se num patamar de relevo nas organizações, pois é ela que irá permear as estratégias e operações a serem implementadas. A disciplina gestão da qualidade trata, na verdade, de qualidade na gestão.

Referências

ABBOTT, Lawrence. *Quality and competition*. New York: Columbia University Press, 1955.

ABRANTES, J. *Programa 8S* — Da alta administração à linha de produção: o que fazer para aumentar o lucro? 2. ed. Rio de Janeiro: Interciência, 2007.

AGUIAR, Silvio. *Integração das ferramentas da qualidade ao PDCA e ao programa seis sigma*. Belo Horizonte: Fundação Desenvolvimento Gerencial, 2002.

AKAO, Yoji. *Introdução ao desdobramento da qualidade*. Belo Horizonte: Fundação Christiano Ottoni, Escola de Engenharia/UFMG, 1996.

AMERICAN SUPPLIER INSTITUTE. *Quality function deployment:* awareness manual. Dearborn: Michigan, 1989.

ANDRIANI, Carlos S. *Como implantar um sistema de qualidade para redução de custos e o aumento das vendas*. São Paulo: Tama, 1991.

ASSOCIAÇÃO BRASILEIRA DE NORMAS TÉCNICAS. *NBR ISO 10006:* Gerenciamento da qualidade — Diretrizes para a qualidade em gerenciamento de projetos. Rio de Janeiro: ABNT, 2000.

———. *NBR ISO 9000:* sistemas de gestão da qualidade — fundamentos e vocabulário. Rio de Janeiro: ABNT, 2008a.

———. *NBR ISO 9001:* sistemas de gestão da qualidade — requisitos. Rio de Janeiro: ABNT, 2008b.

———. *NBR ISO 9004:* sistemas de gestão da qualidade — diretrizes para melhorias de desempenho. Rio de Janeiro: ABNT, 2008c.

———.*NBR ISO 10006:* gerenciamento da qualidade — diretrizes para a qualidade em gerenciamento de projetos. Rio de Janeiro: ABNT, 2008d.

BRASSARD, Michael. *The memory jogger:* featuring the seven management and planning tools. Massachusetts: Goal/QPC, 1989.

———. *The memory jogger +* ™. Qualidade: ferramentas para uma melhoria contínua. Rio de Janeiro: Qualitymark, 2000.

BREYFOGLE, Forrest W. *Implementing Six Sigma:* smarter solutions using statistical methods. New York: John Wiley & Sons, 1999.

BROCKA, Bruce; BROCKA, M. Suzanne. *Gerenciamento da qualidade.* São Paulo: Makron Books, 1995.

BROH, Robert A. *Managing quality of higher profits.* New York: McGraw-Hill, 1982.

CAMP, Robert C. *Benchmarking dos processos de negócios:* descobrindo e implementando as melhores práticas. Rio de Janeiro: Qualitymark, 1996.

CAMPOS, Vicente Falconi. *Controle da qualidade total (no estilo japonês).* Belo Horizonte: Fundação Christiano Ottoni, Escola de Engenharia/UFMG, 1992.

———. *Gerenciando pelas diretrizes.* Belo Horizonte: Fundação Christiano Ottoni, Escola de Engenharia/UFMG, 1996.

CHENG, Lin Chih. *QFD:* planejamento da qualidade. Belo Horizonte: Fundação Christiano Ottoni, Escola de Engenharia/UFMG, 1995.

CORRÊA, Carlos José. *A sexta disciplina:* simulação de cenários alternativos na empresa que aprende. Rio de Janeiro: Funcefet, 1996.

CROSBY, Philip B. *Cutting the cost of quality*. [s.l.]: Industrial Education Institute, 1967.

———. *Quality is free*. New York: New American Library, 1979.

———. *Quality is still free*. New York: McGraw-Hill, 1995.

CSILLAG, João Mario. *Análise de valor*. 4. ed. São Paulo: Atlas, 1995.

DAVENPORT, Thomas H. *Reengenharia de processos*. Rio de Janeiro: Campus, 1994.

DELLARETTI FILHO, Osmário. *As sete ferramentas do planejamento da qualidade*. Belo Horizonte: Fundação Christiano Ottoni, Escola de Engenharia/UFMG, 1996.

DEMING, W. Edwards. *Japanese methods for productivity and quality*. [s.l.]: George Washington University, 1981.

———. *Quality, productivity and competitive position*. Cambridge: MIT Press, 1982.

———. *Out of the crisis*. Cambridge: MIT Press, 1986.

———. *Qualidade:* a revolução da administração. Rio de Janeiro: Marques Saraiva, 1990.

DRUCKER, Peter F. *Sociedade pós-capitalista*. São Paulo: Pioneira, 1993.

EDWARDS, Corwin D. The meaning of quality. *Quality Progress*, Oct. 1968.

EL-HAIK, Basem; ROY, David M. *Service design for six sigma:* a road map for excellence. New York: John Wiley & Sons, 2005.

EUREKA, William E.; RYAN, Nancy E. *QFD:* perspectivas gerenciais e desdobramento da função qualidade. Rio de Janeiro: Qualitymark, 1992.

FEIGENBAUM, Armand V. *Total quality control*. New York: McGraw-Hill, 1961.

FNQ (Fundação Nacional da Qualidade). *Critérios de excelência 2005:* o estado-da-arte da gestão para a excelência do desempenho e para o aumento da competitividade. São Paulo: FNQ, 2005.

———. *Critérios de Excelência 2007:* avaliação e diagnóstico da gestão organizacional. São Paulo: FNQ, 2007.

———.*Critérios de excelência 2010*: avaliação e diagnóstico da gestão organizacional. São Paulo: FNQ, 2010.

FONSECA, Carlos J. C.; LOURENÇO, Jorge Tadeu V.; ALLEN, José D. T. *TAO* — terminologia do aprimoramento organizacional. Rio de Janeiro: Qualitymark, 1997.

GALE, Bradley T. *Gerenciando o valor do cliente*. São Paulo: Pioneira, 1996.

GARVIN, David A. *Gerenciando a qualidade:* a visão estratégica e competitiva. Rio de Janeiro: Qualitymark, 2002.

GEORGE, Michael L. *Lean six sigma for service*. New York: McGraw-Hill, 2003.

GILMORE, Harold L. Product conformance cost. *Quality Progress*, June 1974.

GITLOW, Howard S. *Planejando a qualidade, a produtividade e a competitividade*. Rio de Janeiro: Qualitymark, 1993.

GUINTA, Lawrence R.; PRAIZLER, Nancy C. *Manual de QFD*. Rio de Janeiro: LTC, 1993.

HAGAN, John T. *The management of quality:* preparing for a competitive future. Milwaukee: Quality Progress, 1984.

HAMMER, Michael. Reengineering work: don't automate, obliterate. *Harvard Business Review*, p. 104-112. July/Aug. 1990.

———; CHAMPY, James. *Reengenharia:* revolucionando a empresa em função dos clientes, da concorrência e das grandes mudanças da gerência. Rio de Janeiro: Campus, 1994.

INDE (Instituto Nacional de Desenvolvimento e Excelência). *Código de ética e conduta para a prática de benchmarking*. Disponível em: <www.inde.com.br/bench/codetica.htm>. Acesso em: 8 set. 2002.

ISHIKAWA, Kaoru. *Guide to quality control.* [s.l.]. Kraus, 1976.

JURAN, J. M. *Managerial breakthrough*. New York: McGraw-Hill, 1964.

——— (Org.). *Quality control handbook*. 3. ed. New York: McGraw-Hill, 1974.

KUEHN, Alfred A.; DAY, Ralph L. Strategy of product quality. *Harvard Business Review*, Nov./Dec. 1962.

LAPA, Reginaldo P.; BARROS FILHO, Antonio M.; ALVES, José F. *5S:* praticando os cinco sensos. Rio de Janeiro: Qualitymark, 1998.

LEFFLER, Keith B. Ambiguous changes in product quality. *American Economic Review*, Dec. 1982.

LUCAS, James M. The essential six sigma. *Quality Progress*, p. 27-31, Jan. 2002.

MANGANELLI, Raymond L.; KLEIN, Mark M. *Manual de reengenharia.* Rio de Janeiro: Campus, 1995.

MARANHÃO, Mauriti. *ISO série 9000:* manual de implementação versão ISO 2000. Rio de Janeiro: Qualitymark, 2001.

MARSHALL JUNIOR, Isnard. Certificação ambiental em empresas industriais: o caso Bayer e os reflexos na conscientização de seus funcionários e famílias. *Revista de Administração Pública*. Rio de Janeiro, v. 35, n. 3, maio/jun. 2001.

McCARTY et al. *The six sigma black belt handbook*. New York: McGraw-Hill, 2005.

MIRSHAWKA, Victor; MIRSHAWKA JR., Victor. *QFD:* a vez do Brasil. São Paulo: Makron Books, 1994.

MÖLLER, Claus. *O lado humano da qualidade*. São Paulo: Pioneira, 1994.

MOURA, Eduardo. *As 7 ferramentas gerenciais da qualidade*. São Paulo: Makron Books, 1994.

OAKLAND, John S. *Gerenciamento da qualidade total*. São Paulo: Nobel, 1994.

OFJUHI, Tadashi; ONO, Michiteru; AKAO, Yoki. *Método de desdobramento da qualidade*. Belo Horizonte: Fundação Christiano Ottoni, 1997.

PANDE, Peter S.; NEUMAN, Robert P.; CAVANAGH, Roland R. *The six sigma way* — how GE, Motorola and other top companies are horning their performance. New York: McGraw-Hill, 2000.

———. *The six sigma way team fieldbook* — an implementation guide for process improvement teams. New York: McGraw-Hill, 2002.

PEREZ-WILSON, Mario. *Seis sigma:* compreendendo o conceito, as implicações e os desafios. Rio de Janeiro: Qualitymark, 1999.

PIRSIG, Robert M. *Zen and the art of motorcycle maintenance*. New York: Bantam Books, 1974.

PMI (Project Management Institute). *Um guia do conjunto de conhecimentos em gerenciamento de projetos. (Guia PMBOK®)*. 3. ed. Newtown Square: Project Management Institute, 2004.

———. *A Guide to the Project Management Body of Knowledge (PMBOK® Guide)*. 4. ed. Newtown Square: Project Management Institute, 2008.

RADFORD, G. S. *The control of quality in manufacturing*. New York: Ronald Press, 1922.

RODRIGUES, Marcus Vinicius. *Processos de melhorias nas organizações*. Rio de Janeiro: Qualitymark, 1999.

RUMMEL, Geary A.; BRACHE, Alan P. *Melhores desempenhos das empresas*. São Paulo: Makron Books, 1994.

SHEWHART, W. A. *Economic control of quality of manufactured product*. New York: D. Van Nostrand Company, 1931.

SHIBA, Shoji; GRAHAM, Alan; WALDEN, David. *TQM:* quatro revoluções na gestão da qualidade. Porto Alegre: Artes Médicas, 1997.

SIQUEIRA, Luiz Gustavo Primo. *Controle estatístico de processo*. São Paulo: Pioneira, 1997.

SPENDOLINI, Michael J. *Benchmarking*. São Paulo: Makron Books, 1994.

TAYLOR, Frederick W. *Shop management*. New York: Harper & Brothers, 1919.

TÉBOUL, James. *Gerenciando a dinâmica da qualidade*. Rio de Janeiro: Qualitymark, 1991.

———. *A era dos serviços:* uma nova abordagem ao gerenciamento. Rio de Janeiro: Qualitymark, 1999.

TEYLOR, Sidney. *Ferramentas para o aprimoramento da qualidade*. São Paulo: Pioneira, 1995.

TOWNSEND, Patrick L.; GEBHARDT, Joan E. *Qualidade em ação*. São Paulo: Makron Books, 1993.

TUCHMAN, Barbara W. The decline of quality. *New York Times Magazine*, 2 Nov. 1980.

UMEDA, Masao. *As sete chaves para o sucesso dos 5S*. Belo Horizonte: Fundação Christiano Ottoni, 1997.

VALLE, Benjamin. Falhas nos programas da qualidade. *Controle da Qualidade*, p. 36-40, out. 1995.

VARGAS, Rômulo O. ISO 9001: 2000 seção 5 — a importância de um direcionamento estratégico para a empresa. *Programa Integrado de Desenvolvimento e Qualificação de Fornecedores*, dez. 2002.

VITERBO JUNIOR, Enio. *Sistema integrado de gestão ambiental*. São Paulo: Aquariana, 1998.

WATSON, Gregory H. *Benchmarking estratégico*. São Paulo: Makron Books, 1994.

———. Seis sigma na gestão dos negócios. *Banas Qualidade*. São Paulo, n. 99, p. 82-86, ago. 2000.

WERKEMA, Maria Cristina Catarino. *As ferramentas da qualidade no gerenciamento de processos*. Belo Horizonte: Fundação Christiano Ottoni, Escola de Engenharia/UFMG, 1995.

———. *Criando a cultura seis sigma*. Rio de Janeiro: Qualitymark, 2002.

Os autores

Isnard Marshall Junior

É doutor em engenharia química pela Escola de Química da UFRJ e mestre em engenharia de produção pela Coppe/UFRJ, especialista em administração pela PUC-Rio e administrador de empresas pela Ebape/FGV. Participou de diversos cursos de aperfeiçoamento e atualização no exterior, destacando-se o Brazilian Program for Quality Management promovido pela Aots/Juse (Yokohama, Japão), o Business Seminar pela Ohio University (Athens, EUA) e o Business and Management for International Professionals pela University of California (Irvine, EUA). É coordenador de cursos de gestão empresarial, professor da disciplina Gestão da Qualidade e Projeto Integrado de Negócios no FGV Management e professor do curso de graduação em administração de empresas da Ebape/FGV. Tem vasta experiência gerencial e ampla visão interdisciplinar, adquirida em mais de 25 anos de experiência profissional em empresas com atuação nas áreas de gestão da qualidade, marketing, treinamento e desenvolvimento, estratégia empresarial, orçamento, controladoria, informações gerenciais e desenvolvimento e implantação de novos negócios.

Agliberto Alves Cierco

É mestre em engenharia de produção pela UFRJ, pós-graduado em análise de sistemas pela UFJF, engenheiro mecânico com ênfase em produção pela UCP e especialista em engenharia econômica e administração industrial pela UFRJ. Trabalhou em empresas como DeMillus, APC Skills, Irwin-Redley, Siderúrgica Mendes Junior e CNI, onde atuou respectivamente como gerente de engenharia, gerente de projetos, diretor industrial, gerente de planejamento de operações e coordenador administrativo. É ex-coordenador adjunto de área, coordenador acadêmico e professor dos cursos de MBA do programa FGV Management.

Alexandre Varanda Rocha

É mestre em administração de empresas pela Eaesp/FGV, com ênfase em produção e sistemas de informação, *master in business strategy* pela Copenhagen Business School e engenheiro de produção pela UFRJ. Tem experiência na área da qualidade e produtividade, tendo prestado consultoria e treinamento para diversas empresas, como Sony Music, Casa da Moeda, Petrobras, Laboratórios Bronstein, Protubo (Grupo Ishikawagima), Controles Gráficos Daru e Usiminas. É sócio-diretor da A&R Quality Consult, atua na área de tecnologia da informação da Petrobras e é professor dos cursos de MBA do programa FGV Management.

Edmarson Bacelar Mota

É mestre em engenharia e engenheiro eletrônico pela PUC-Rio. Atuou como executivo, diretor e consultor em diversas empresas nas áreas de qualidade, projetos, planejamento e marketing. Tem mais de 25 anos de experiência docente em ambiente universitário e em cursos de pós-graduação e é professor dos cursos de MBA do programa FGV Management.

Sérgio Leusin

É doutor em engenharia de produção pela Coppe/UFRJ. É professor titular da Universidade Federal Fluminense (UFF), coordenador da Pós-Graduação em Arquitetura e Urbanismo da UFF e responsável por pesquisas sobre organização e gerenciamento na construção. É sócio fundador (1994) do Clube da Qualidade na Construção RJ (Siunducson Rio), com o qual colabora para o desenvolvimento de ferramentas e sistemas de gestão de qualidade. Realiza consultorias para o PBQP-H. É professor dos cursos de MBA do programa FGV Management.

Este livro foi impresso na Gráfica Ediouro.
Rua Nova Jerusalém, 345 Bonsucesso, Rio de Janeiro, RJ.